수업 도시락,
성찰과 협력을 담다

수업 도시락, 성찰과 협력을 담다

(행복한 교실을 디자인하는 성찰협력수업 교과서)

[행복한 교과서®] 시리즈 No.19

지은이 | 정민수
발행인 | 홍종남

2015년 10월 25일 1판 1쇄 발행
2016년 6월 27일 1판 2쇄 발행
2018년 5월 15일 1판 3쇄 발행(총 4,000부 발행)

이 책을 만든 사람들
책임 기획 | 홍종남
북 디자인 | 김효정
교정 교열 | 주경숙
출판 마케팅 | 김경아

이 책을 함께 만든 사람들
종이 | 제이피씨 정동수·정충엽
제작 및 인쇄 | 천일문화사 유재상

펴낸곳 | 행복한미래
출판등록 | 2011년 4월 5일. 제 399-2011-000013호
주소 | 경기도 남양주시 도농로 34, 부영e그린타운 301동 301호(다산동)
전화 | 02-337-8958 팩스 | 031-556-8951
홈페이지 | www.bookeditor.co.kr
도서 문의(출판사 e-mail) | ahasaram@hanmail.net
내용 문의(지은이 e-mail) | esfms@naver.com
※ 이 책을 읽다가 궁금한 점이 있을 때는 지은이 e-mail을 이용해 주세요.

ISBN 979-11-86463-06-2
〈행복한미래〉 도서 번호 037

:: [행복한 교과서®] 시리즈는 〈행복한미래〉 출판사의 실용서 브랜드입니다.
:: [행복한 교육학®] 시리즈는 〈행복한미래〉 출판사의 교육학 브랜드입니다.

행복한 교실을
디자인하는 성찰협력수업 교과서

수업 도시락, 성찰과 협력을 담다

| 정민수 지음 |

행복한미래

좋은 수업을 넘어, 위대한 수업으로!

선생님의 수업상처

어느 시골학교에서 귀염둥이 1학년 28명을 맡고 있는 한 선생님이 수업컨설팅을 의뢰한 적이 있습니다. 교실 문을 열고 들어서자 아이들과 행복한 표정으로 이야기를 주고받는 한 남선생님이 눈에 들어옵니다. 곧 수업종이 울리자 수업을 시작하기 위해 교실을 정돈하는 선생님은 한없이 인자하고 사랑스런 눈빛으로 아이들을 바라봅니다. 그런데 수업이 시작되었는데도 왠지 교실이 어수선합니다. 1학년이라는 것을 감안해도 선생님께 집중하지 못하고 산만한 정도가 매우 심각해 보였습니다.

공개수업이라 그런지 아이들이 어수선한데도 불구하고 선생님의 인자한 미소는 계속 이어집니다. 미리 준비된 수업과정안에 맞춰 땀을 뻘뻘 흘리며 수업을 진행하지만 선생님의 목소리는 점점 높아져만 가고 덩달아 아이들의 목소리도 커져만 갑니다. 선생님은 연신 "집중의 박수를~!"

하며 아이들의 시선을 한데 모으려고 노력하지만 1학년 악동들의 시선은 중구난방으로 흩어져버립니다.

'딱하신 선생님~, 이를 어쩌나. 녀석들 선생님께 집중 좀 하지!'

우여곡절 끝에 수업이 마무리되고 나는 선생님과 둘만의 수업컨설팅 시간을 가졌습니다.

"선생님, 수업하느라 정말 애쓰셨어요."

그리고 바로 선생님을 따뜻하게 안아주었습니다. 달리 다른 말을 할 수가 없었습니다. 3월부터 지금까지 1학년 악동들을 맡아 얼마나 애쓰셨을까 생각하니 마음이 짠했습니다. 우리는 수업컨설팅이라는 이름으로 만났지만 1학년 아동의 발달단계에 맞는 생활지도와 학급운영에 대한 이야기부터 나누지 않을 수 없었습니다. 수업을 위한 최소한의 기본질서가 세워지지 않은 상태에서 좋은 수업에 대해 이야기하는 것은 아무 의미가 없기 때문입니다. 무질서한 아이들을 수업에 참여할 수 있도록 이끄는 방법이 과연 무엇일지 고민이 깊었습니다.

무너진 아이들

지역에서 음악수업으로 명망이 높은 어느 노련한 여선생님의 수업을 보기 위해 많은 선생님들이 그 교실을 찾아왔습니다. 칠판에는 여러 가지 국악장단이 붙여져 있고 음악수업은 활기차게 시작되었습니다. 많은 선생님이 방문해서인지 장구채를 잡은 선생님의 손이 조금씩 떨려옵니다. 그래도 선생님은 굿거리장단을 신명나게 소화하며 아이들과 뱃노래를 부르고 장단에 맞추어 노 젓는 동작까지 시범수업은 그야말로 물 흐르듯 전개되고 있었습니다. 이 모습을 참관하는 많은 선생님들 역시 흐뭇한 표정으로 수업 속에 빠져들었습니다.

이제 모둠별로 가사를 바꾸어보고 장단에 맞춰 동작을 만드는 아이들의 창작활동이 전개될 차례입니다. 선생님은 모둠별 음악 창작활동의 지침을 주고 아이들이 자유롭게 표현할 수 있도록 협의시간을 갖도록 하였습니다. 수업하는 선생님과 참관하는 선생님들 모두 아이들의 민주적이고 창의적인 창작활동을 기대하고 있었습니다. 그때 갑자기 한 모둠이 아수라장이 되었습니다. 창작활동 중 의견이 충돌한 두 남학생이 주먹다짐을 하며 씩씩거렸기 때문입니다. 수업을 진행하던 선생님은 장구채를 잡은 채 얼어버렸고 참관하던 선생님들도 어찌할 바를 몰라 우왕좌왕하였습니다. 다행히 근처에 있던 남선생님들이 주먹다짐을 하던 아이들을 저지했지만 수업은 더 이상 진행될 수 없었습니다.

지역 선생님들이 모두 교실을 떠난 뒤 홀로 울고 계신 선생님을 위로하기 위해 몇몇 선생님들이 함께 모여 둘러앉았습니다. 수업의 계획과 수업을 진행하는 선생님의 노련미는 그야말로 완벽했습니다. 그러나 모둠 구성에 약간의 문제가 있었음을 알 수 있었습니다. 선생님 말씀을 들어보니 수업에 들어가기 전 남학생 두 녀석이 약간의 신경전이 있었고 수업준비로 바쁜 나머지 미처 그 두 녀석에 대한 세밀한 상담을 하지 못했다는 것이었습니다.

일상적인 수업도 아닌 수많은 선생님들을 초청한 공개수업에서 아이들이 선생님의 바람을 저버리고 공개적으로 주먹다짐하는 모습을 보며 모두들 경악했습니다. 아무리 잘 조직화된 수업이라도 아이들의 작은 문제가 불거지면 심각한 결함이 생길 수 있다는 걸 깨닫는 순간이었습니다. 아무 말 없이 교실을 빠져나가는 선생님들 모두 자신의 교실 수업과 아이들을 되돌아보는 성찰의 시간을 가졌습니다.

수업성찰, 변화의 시작

수업전문가를 꿈꾸는 일곱 명의 교사들이 의기투합하여 함께 모였습니다. 우리는 시간을 정해 매주 지정된 장소에 모여 한 주간의 수업 중 성공한 수업과 실패한 수업의 사례를 가지고 오기로 했습니다. 수업의 내용은 학교에서 각자 맡고 있는 학년과 과목에 따라 각양각색이었으며, 수업을 머릿속으로 그려보는 수업성찰 활동은 진지하기만 했습니다. 수업의 성패를 가르는 수업적 안목은 각자 모두 다르기에 성공한 수업과 실패한 수업에 대한 판단은 우선 개인에게 맡기기로 했습니다.

이렇게 일곱 교사들의 수업성찰 활동은 그저 자신이 하고 있는 수업의 한 장면이라도 되짚어보자는 의미로 시작되었습니다. 처음에는 수업을 소재로 모였지만 초창기 모임의 모습은 단순히 교사들의 수다 수준이었습니다. 다만 그 수다의 내용이 수업에 있다는 데 서로 만족했을 뿐입니다. 그런데 시간이 조금 지나자 변화가 시작되었습니다. 복잡한 수업을 말로만 설명하기에는 뭔가 역부족이라는 것을 느낀 한 선생님이 교과서를 복사해 온 것입니다. 교과서를 보면서 수업을 성찰하자 수업이 전보다 눈에 더 선하게 그려지기 시작했습니다. 더 놀라운 것은 실패했던 수업을 설명하던 교사가 스스로 그 원인이 어디에 있는지 발견하기 시작했다는 것입니다. 수업성찰을 듣는 다른 교사들의 이해의 폭이 넓어지는 것도 좋았지만, 무엇보다 각자 자신의 수업을 다시 머릿속으로 그려가며 스스로의 수업성장을 경험하는 것이 더 좋았습니다.

하지만 현실적으로 매주 따로 모이는 것이 쉽지 않았기 때문에 교사학습공동체에서는 수업 도시락 엠디랑(http://www.mdrang.net)을 만들어서 활용하기로 하였습니다. 수업성찰의 공유와 나눔을 위해 자신의 수업 사례를 수업연구 모임 전에 엠디랑에 탑재하고, 수업에 대한 상호 피드백을 남겨주기로 하였습니다. 엠디랑은 수업성찰에 참여하는 선생님들의 겸손한(Modest) 수업 도시락(Dosirak)을 함께 나누고 협력하자는 의미를 담고 있습니다. 그런데 다른 교사가 올린 수업사례를 보고 피드백을 남겨주는 것 역시 쉬운 일이 아니었습니다. 수업을 이해하지 못하면 의미 있는 피드백을 남길 수 없기 때문이었죠. 수업에 대한 우리의 고민은 계속되었고, 수업을 성찰하는 만큼 서로에게 수업성장이 이루어지고 있음을 온몸으로 경험할 수 있었습니다. 겸손한 수업 도시락으로 시작한 나눔이 누군가에게 우리처럼 기적의 수업 도시락이 되길 소망해봅니다.

아이들이 주도하는 위대한 순간

수업을 하다 보면 유난히 아이들의 눈빛이 살아나는 순간이 있습니다. 수업이 아이들의 눈높이에 맞을 때, 다른 말로 표현하자면 수업이 아이들에게 만만하게 보일 때입니다. 수업이 이루어지는 교실 공간에서 아이들이 지적으로 마음껏 뛰어놀 수 있다는 판단이 서는 바로 그 순간입니다.

1학년 교실에 손 인형 하나를 들고 들어간 적이 있습니다. 수업의 목표는 받침이 없는 글자를 만들고 소리 내어 읽어보기인데 처음 본 선생님이 갑자기 들어와서 그런지 아이들이 다소 경직되어 있었습니다. 나는 손 인형을 끼고 교과서에 제시되어 있는 〈개구리〉라는 시를 재미있는 표정으로 읽어주기 시작했습니다. 아이들의 눈빛이 처음보다 부드러워진 것을 확인한 후 〈개구리〉를 앞에 나와서 읽어볼 친구를 청하자 몇몇 아이들이 발표하겠다고 손을 번쩍 올립

개구리

한하운

가갸 거겨
고교 구규
그기 가.
라랴 러려
로료 루류
르리 라.

니다. 이번에는 앞에 나와 손 인형을 끼고 받침이 없는 글자를 자유롭게 만들어 나만의 〈개구리〉를 만들어보라고 권유하자 서로 발표하겠다고 난리법석입니다.

'이 천진난만한 아이들이 왜 학년이 올라갈수록 수업에 참여하는 비율이 점점 낮아질까요? 고학년 아이들도 저학년 아이들처럼 수업에 열광적으로 참여시킬 수 있는 방법은 없을까요?'

그래서 교사학습공동체에서는 수업의 과정을 아이들과 협력하여 재구성하는 성찰협력수업을 모색해보기로 하였습니다. 성찰협력수업은 수업에 대한 진지한 성찰을 통해 교사와 학생, 학생과 학생 그리고 교사와 교사 간에 이루어지는 성찰적 협력수업을 의미합니다. 즉 수업의 주도권을 아이들에게 조금씩 열어주어 아이들 스스로 수업의 계획부터 전개까지 활발한 참여를 이끌어내는 수업입니다. 아이들이 그저 수업에 형식적으로 참여하는 것이 아니라 수업에 주도적으로 참여하는 순간 위대한 성찰협력수업은 시작될 것입니다.

수업성장, 세포를 깨워라

교사연구자(teacher-researcher)들은 경쟁이 지배적인 교육 현실에서 성찰과 협력이 세상을 바꿀 대안이라고 이야기합니다. 이미 수업연구(lesson study)를 교사들의 수업성찰과 협력수업으로 이루려는 교사들의 도전이 교실현장 곳곳에서 이루어지고 있습니다. 지금 나에게 잠자고 있는 수업성장의 세포가 꿈틀거리기 시작한다면 이제 위대한 성찰협력수업을 시작할 때입니다.

이 책에서는 교사들이 교실현장에서 성찰협력수업을 보다 쉽게 실천할 수 있도록 성찰협력형 수업연구의 모형을 제시하고 있습니다. 그 모형은 수업계획 및 수업실행, 수업성찰 및 수업분석, 수업코칭 및 수업협력, 수업재구성 및 수업반영의 네 단계 실천 방안으로 이루어져 있습니다. 그뿐만 아니라 위대한 성찰협력수업을 이루는 핵심 키워드를 엠디헤일(MDHAIL)로 정리하여 제시합니다. 성찰협력수업은 마이크로티칭(M), 공유하기(D), 하이라이트(H), 실행연구하기(A), 거꾸로 보기(I), 수업의 여백주기(L)를 통해 실천할 수 있습니다. 하지만 아무리 좋은 실천 방안이라도 고정관념이라는 안경을 벗지 않으면 우리가 진정으로 봐야 할 것들을 놓칠 수밖에 없습니다. 선생님들의 겸손한 수업 도시락 나눔은 그 고정관념을 조금씩 벗겨 기적의 수업 도시락으로 만들어줄 것입니다. 생각을 여는 수업성찰과 지혜를 나누는 협력수업을 기적의 수업 도시락에 담아가려고 합니다. 이제 이러한 우리들의 마음을 담아 위대한 성찰협력수업 이야기를 시작하겠습니다.

차례

1부. 수업성찰, 생각을 열다

2부. 협력수업, 지혜를 나누다

3부. 성찰협력형 수업연구로 당신의 수업을 바꿔라

4부. 위대한 성찰협력수업을 만드는 6가지 키워드: 엠디헤일(MDHAIL)

5부. 당신의 성찰협력에는 뭔가 특별한 것이 있다

책 속의 책

정민수 선생님이 알려주는 수업 멘토링 톡! Talk?

0부

수업 도시락에 세상을 담다

01 생명: 또 하나의 가족, 반려동물

우리가 바라본 세상

애완동물을 유기하는 사람들을 보면 외국에 나가게 되어 더 이상 기르기 힘들다거나 그냥 키우기가 생각처럼 쉽지 않으며 병이 들고 늙어서 등을 이유로 버리는 경우가 많다고 합니다. 이 경우들처럼 피부병 때문에 버려져 안락사당할 뻔했던 한 유기견이 주변의 도움으로 건강을 되찾아 감동을 주고 있습니다. 영국 조간신문인 《데일리미러 Daily Mirror》는 극심한 피부병으로 안락사 선고를 받은 강아지 크리스티가 동물구호단체 벳 랜치(Vet Ranch)의 치료로 목숨을 구했다고 보도했습니다. 유기견 크리스티는 거리에서 구출되었을 때 거의 털이 없었고, 온몸을 덮고 있는 기생충과 피부 염증으로 인해 목숨이 위태로운 상황이었습니다. 그런데 구호단체의 치료를 받으며 완전히 다른 강아지가 되었습니다. 윤기 나는 검정색 털이 점차 다시 자라기 시작했고 피부는 완벽하게 깨끗해졌습니다.

구조된 지 9주가 지나자 건강해진 크리스티는 다른 강아지들처럼 활기차고 행복하게 뛰어놀게 되었습니다. 벳 랜치는 이 강아지의 사연을 소개하는 영상을 만들어 다른 동물을 구조하기 위한 모금 운동에 나섰습니다.

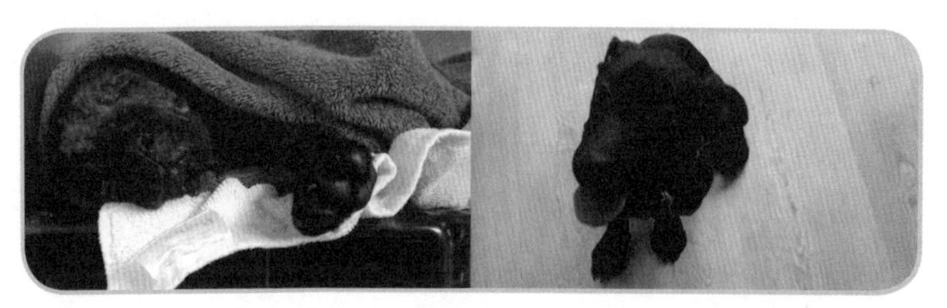

▲ 치료 9주 후 완전히 건강을 되찾은 강아지 크리스티. 사진=Vet Ranch 유튜브 영상 캡처

출처: http://daily.hankooki.com/lpage/world/201508/dh20150804075637138420.htm

교육의 눈으로 성찰하기(한 선생님의 성찰일기)

요즘 유기견 문제가 사회적으로 큰 이슈가 되고 있습니다. 이런 유기견 사례를 아이들에게 소개해주고 동물을 사랑하고 책임지는 마음에 관해서 토의·토론수업을 진행해보면 좋을 것 같습니다. 작은 동물이라도 사람과 마찬가지로 생명이 있음을 이해하도록 가르친다면 반려동물을 쉽게 유기하지는 않을 것입니다. 길에 돌아다니다 보면 유기된 강아지나 고양이를 만나게 되는데 이런 동물들을 우리 사회가 어떻게 관리해 나가야 하는지 아이들과 함께 생각해보는 시간이 될 것입니다. 아이들 중 집에서 동물을 키우다 병들어 죽었거나 유기한 경험이 있는 경우 그때 생각을 떠올리며 긍정적인 다짐을 할 수 있도록 교육해야 한다고 생각합니다.

성찰협력수업으로 가르치기

□ 교육의 눈으로 성찰한 내용을 협력적인 수업으로 어떻게 가르칠 수 있을지 구상해보세요.

동기유발 – 버림받은 개의 슬픔과 새로운 가족을 찾고 싶은 개의 희망을 담은 EBS 〈유기견〉 영상을 찾아 보여줍니다. 새로운 주인을 찾지 못하면 안락사를 당하는 유기견의 현실에 대해 자기 생각을 발표하도록 합니다.

목표인식 – '유기견에게 희망을' 줄 수 있는 좋은 방안을 생각하며 친구들과 함께 토의학습을 해봅시다.

전개활동 – 첫째, 토의학습을 원활하게 진행하기 위해 유기견과 관련된 두 가지 소주제를 정해 모둠별 의견을 하나로 모으는 활동을 합니다. 소주제는 유기견이 양산되지 않도록 반려동물을 잘 기르는 방법과 이미 양산된 유기견을 지혜롭게 관리하는 방법에 대해 모둠별로 이야기를 나누도록 합니다. 둘째, 토의학습을 보다 심화하여 진행하기 위해 모둠에서 토의된 내용을 다른 모둠에 소개할 친구를 한 명씩 선정합니다. 선정된 친구들끼리 자리를 맞바꿔 앉아 자기 모둠에서 토의된 내용을 소개하고, 더 좋은 방안이 있는지 다른 모둠의 친구들로부터 조언을 받습니다. 셋째, 조언을 받은 친구는 다시 자기 모둠으로 복귀하여 피드백받은 내용을 함께 나누고 토의 내용을 정리하여 발표할 준비를 합니다. 모둠별로 토의 내용이 정리되었으면 칠판 앞에 나와 유기견에 희망을 줄 수 있는 방안을 기록하며 친구들에게 발표합니다.

정리활동 – 친구들이 성찰하고 협력하여 기록한 토의 내용을 살펴보고 우리 사회가 실천할 수 있는 방안들에 밑줄을 그으며 모두가 함께 자기 공책에 정리하도록 합니다. 이때 초등학생 수준에서 바로 실천할 수 있는 것들과 부모님이나 어른들이 실천해주길 바라는 방안들을 나누어 학급카페에 게시합니다.

성찰협력의 눈으로 다시 바라보기

'유기견에게 희망을'이라는 주제토의학습은 동물을 좋아하는 아이들에게 창의적인 사고를 할 수 있는 기회가 될 것입니다. 또 모둠토의–교차토의–토의정리로 나누어 진행하는 전개활동은 아이들이 스스로 참여할 수 있는 공간을 충분히 확보할 수 있습니다. 토의학습의 경우 보통 무임승차하는 아이들이 많은데 이런 3단계 토의학습은 모둠별로 이루어지는 시간이 많아 무임승차를 줄여줄 것입니다. '유기견에게 희망을'이라는 주제토의학습 내용이 다소 어려운 학급이라면 사전과제를 내주어 유기견의 실태에 대해 충분히 조사해 오도록 하거나 반려동물을 키워본 경험에 대해 일기 형식의 글을 써 오도록 해서 친구들 앞에서 발표하고 공유한다면 더 많은 관심과 정보를 얻을 수 있을 것입니다.

주제토의학습은 학급 아이들이 토의 경험과 진행 방식에 얼마나 익숙한지에 따라 다양한 방식으로 진행될 수 있습니다. 토의 진행이 익숙하지 않아 어려운 경우 본 차시처럼 3단계 모둠토의 형식으로 진행하면 좀 더 쉽게 참여할 수 있습니다. 그러나 토의 진행 경험이 많은 학급의 경우 3단계 토의를 건너뛰고 바로 전체 학급토의 형식을 취해도 무리 없이 아이들의 다양한 반응과 참여를 유도할 수 있습니다. 상황에 따라 다양한 아이디어가 나올 수 있도록 전체 학급토의를 진행하다가 부분별로 모둠토의를 진행하거나 관심별 토의를 진행하는 등 여러 가지 방법을 적용해 볼 수 있습니다.

02 독도: 우리가 지켜야 할 또 하나의 영토

우리가 바라본 세상

정부가 독도에 지으려던 '입도 지원센터' 건립 계획을 사실상 백지화한 뒤 언론 등을 통해 마치 계획이 보류된 것처럼 발표하자고 입을 맞췄던 사실이 드러났다. 이는 지원센터의 관리와 국제협약에 따른 해양법 문제 그리고 문화재인 독도의 경관 문제와 함께 시설물 확충이 일본의 '분쟁 지역화 전략'에 빌미를 줄 수 있다는 점이 고려되었기 때문인 것으로 알려졌다. 하지만 일부에서는 정부의 적극적인 주권 행사가 필요한 것이 아니냐는 반론도 제기되고 있다. 독도가 역사적·지리적·국제법적으로 명백한 우리 영토인 만큼 영유권 분쟁 자체가 존재하지 않는데 지나치게 일본을 의식했다는 것이다.

출처: http://news.naver.com/main/read.nhn?mode=LSD&mid=sec&sid1=100&oid=422&aid=0000087909

교육의 눈으로 성찰하기(한 선생님의 성찰일기)

대한민국 헌법 제1조 1항과 2항을 살펴보면 "대한민국은 민주공화국이다." 그리고 "대한민국의 주권은 국민에게 있고 모든 권력은 국민으로부터 나온다."라고 기록되어 있습니다. 이런 헌법 내용을 생각해보면 이번 사건은 크게 두 가지 논란점이 있습니다. 첫째, 국민의 알 권리를 무시했습니다. 애초에 자국민의 영토를 보호하지 않으려 했으며, 이를 은폐하고 언론을 조작했습니다. 게다가 독도 예산을 다른 사업에 투자한 것 역시 국민을 무시한 행동입니다. 둘째, 독도는 명백한 대한민국의 영토입니다. 정부는 영토를 수호하며 자국민의 권리를 존중할 의무를 지녔습니다. 그러나 일본과의 관계를 고려한다는 명분하에 그 의무를 다하지 못했습니다. 즉, 이번 사건은 아이들이 평상시에 배우던 국가의 의무나 독도 수호 내용과 상반된 것으로 많은 논란이 될 수 있습니다.

성찰협력수업으로 가르치기

ㅁ 교육의 눈으로 성찰한 내용을 협력적인 수업으로 어떻게 가르칠 수 있을지 구상해보세요.

동기유발 – 가수 이승철 씨와 탈북합창단이 독도에서 부르는 〈홀로아리랑〉 영상을 함께 보며 우리가 독도를 지키기 위해 할 수 있는 일이 무엇이 있을지 친구들과 함께 토의해봅니다.

목표인식 – '우리는 독도수호대'라는 주제로 초등학생이 실천할 수 있는 우리 학급만의 독도사랑 캠페인을 구상하여 발표합니다.

전개활동 – 첫째, 우리가 실천할 수 있는 독도사랑 캠페인에 대해 모둠별로 브레인스토밍(Brain Storming)을 하며 각각의 아이디어를 기록합니다. 1차 아이디어 기록이 마무리되면 구체적으로 실천 가능한 아이디어를 구분하고, 각 아이디어의 장점을 모아 발표 준비를 합니다. 둘째, 모둠별로 선정한 독도사랑 캠페인 방법을 발표하며 친구들 앞에서 모의 캠페인 시연, 독도사랑 캠페인 독려를 위한 주장하기 등을 이어 갑니다.

셋째, '우리는 독도수호대'를 실천할 캠페인으로 가장 적합한 최우수 모둠을 선정합니다. 실제 교실과 학교, 그리고 학교 밖에서 실천 가능한 캠페인 목록을 적어보도록 합니다.

정리활동 – 친구들과 토의하며 칠판에 기록한 독도사랑 캠페인 실천 목록 중 자신이 실천할 수 있는 것을 공책에 적어보도록 합니다. 또 구체적으로 언제, 어떻게, 누구와 함께 실천할 것인지 계획을 세워 짝꿍과 함께 의견을 나누도록 합니다.

성찰협력의 눈으로 다시 바라보기

이 성찰협력수업은 정치적 논란의 여지가 있는 독도 입도센터 취소 관련 뉴스를 수업에 그대로 활용한 것이 아니라 초등학생 아이들이 쉽게 참여할 수 있도록 독도수호대 프로젝트로 새롭게 구상한 점이 바람직해 보입니다. 특히 가수 이승철 씨와 탈북합창단이 함께 부르는 〈홀로아리랑〉 퍼포먼스 영상으로 수업의 문을 열어 독도사랑 캠페인에 대한 열망을 갖도록 한 점이 아이들의 목표인식으로 잘 연결되고 있습니다. 이번 수업은 아이들 스스로 독도수호대가 되어 직접 실천할 수 있는 독도사랑 캠페인 실천 프로젝트를 구상해보는 데 초점을 두어야 합니다. 이 수업에서 얼마나 동기부여를 받고 참여할 수 있느냐에 따라 앞으로 실천할 독도사랑 프로젝트의 성패가 달려 있다고 할 수 있을 것입니다.

아이들 스스로 참여하여 친구들과 협력하는 수업으로, 독도수호대가 되어 자발적으로 프로젝트에 참여하려는 의지를 갖는 것이 중요합니다. 모둠별로 독도사랑 프로젝트를 구성하는 데 어려움을 겪는 아이들을 위해 독도수호대 활동 예시 자료를 준비해 제시하면 도움이 될 것입니다. 독도사랑 프로젝트를 학교 밖 활동으로 거창하게 계획하는 것보다 초등학생 수준에서 실천할 수 있는 작은 활동들을 계획하여 실현하는 것이 더 중요함을 알려줄 필요가 있습니다. 당장 실천할 수 없는 계획이라면 보다 장기적인 계획을 세워서 부모님 등 주변 사람들의 도움을 받아 함께 실천할 수 있는 방안을 세우도록 도와줍니다. 아이들이 실천할 시간적 여유가 있는 경우 장기적인 과제로 설정하여 친구들과 협력활동을 확대하여 갈 수 있도록 지도하는 것도 좋은 방법이 될 수 있습니다.

03 진로: 직업에는 귀천이 있다? 없다?

우리가 바라본 세상

서울의 한 아파트 경비원 이 모 씨가 자신의 몸에 시너를 뿌리고 분신자살을 시도해 한 달 만에 패혈증으로 인한 다발성 자기부전으로 사망했다. 해당 아파트 동료 경비원들은 "평소 사모님이 폭언을 하고 5층에서 딱딱해져 먹을 수도 없는 떡을 던지며 먹으라고 하는 등 경비원들에게 모멸감을 줬다."며 "화장실에 가기 위해 잠시 자리를 비웠을 때에도 이 씨에게 잔인한 언어폭력을 했다."고 말했다.

한편 〈경비원 분신 아파트 그것이 알고 싶다〉 방송을 접한 누리꾼들은 "이거 보고 내가 다 눈물이 나더라." "경비원도 같은 사람인데 어떻게 저렇게 구냐." 등의 반응을 보였다.

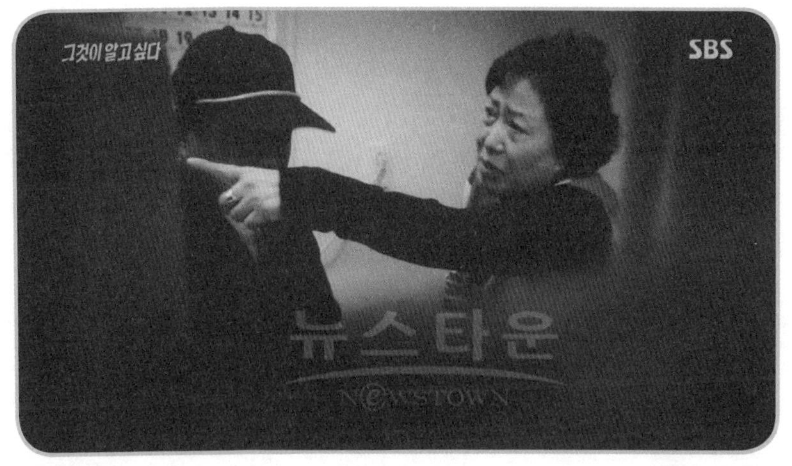

▲ '경비원 분신 아파트 그것이 알고 싶다 방송' (사진: SBS '그것이 알고 싶다') ©뉴스타운
출처: http://www.newstown.co.kr/news/articleView.html?idxno=187786

교육의 눈으로 성찰하기(한 선생님의 성찰일기)

이 사건은 삭막해진 우리 사회의 문제점을 단적으로 보여줍니다. 이웃에 대한 배려의 부족과 직업에 대한 잘못된 귀천의식이 문제입니다. 사람에 대한 계층화 인식 때문에 이런 사건이 일어났다고 볼 수 있습니다. 자신이 부유하고 사회적으로 좋은 직업을 가지고 있다고 해서 다른 사람을 함부로 판단할 수 있는 자격이 있는 것은 아닙니다. 하지만 언젠가부터 이런 잘못된 인식을 가진 부모가 늘어나는 것 같습니다. 부모가 아이들에게 환경미화원을 가리키며 "너도 공부 안 하면 저렇게 돼!"라고 말하고, 아이는 그 말을 듣고 직업에 대한 잘못된 귀천의식을 갖게 됩니다. 그렇기 때문에 학교교육을 통해 어렸을 때부터 잘못된 직업 인식을 바로잡아주는 것이 필요합니다.

성찰협력수업으로 가르치기

ㅁ 교육의 눈으로 성찰한 내용을 협력적인 수업으로 어떻게 가르칠 수 있을지 구상해보세요.

동기유발 – "직업에 귀천이 있나요?"라는 질문에 대한 서로의 생각을 나누고 소방관, 교사, 정치가, 환경미화원 등 다양한 직업군들이 상하관계에 놓여 있는 것인지에 대해 이야기를 나눕니다.

목표인식 – 직업에 대한 역할놀이를 만들어 각 직업들이 우리 사회에서 어떤 역할을 하는지 이해합니다.

전개활동 – 첫째, 우리 사회에 꼭 필요한 직업 찾기를 통해 친구들과 직업에 대한 서로의 생각을 나눕니다. 이때 친구들과 이야기한 직업들을 도화지에 적으며 우리 사회에 꼭 필요한 직업들 중 모둠에서 선정한 직업은 무엇인지, 왜 그 직업을 선택하게 되었는지를 발표하도록 지도합니다. 둘째, 모둠에서 선정한 직업의 필요성을 역설하는 역할극을 만들어 친구들과 연습합니다. 역할극을 만들 때는 시간적 배경과 공간적 배경을 설정하고 직업의 중요성을 드러내되 가급적 모둠원 전체가 참여할 수 있도록 격려합니다. 셋째, 모둠원이 함께 구상한 직업 역할놀이 대본에 맞춰 친구들 앞에서 발표합니다. 모둠별로 돌아가며 발표하되 한 모둠의 발표가 끝날 때마다 그 모둠에서 발표한 직업이 우리 사회에 얼마나 필요한 직업인지 점검하도록 합니다.

정리활동 – 모둠별로 작성하여 발표한 직업 역할극 대본을 칠판에 전시해 놓습니다. 우리 사회에 꼭 필요한 직업이라고 생각하는 대본과 그렇게 생각한 이유를 포스트잇에 적어 붙이고 친구들과 자유롭게 이야기를 나누도록 합니다.

성찰협력의 눈으로 다시 바라보기

직업 역할극의 대본을 구성해가는 절차부터 발표와 피드백까지 아이들 스스로 직업에 대해 성찰하고 상호 협력해가는 과정이 잘 구성된 것 같습니다. 또한 "직업에 귀천이 있나요?"라는 질문으로 시작해서 직업 역할극 대본을 보며 우리 사회에 꼭 필요한 직업들을 생각해보도록 확장해가는 과정이 잘 구성되었습니다. 다만 역할극의 특성상 대본을 작성하는 시간이 꽤 많이 필요할 거라 예상됩니다. 아이들의 역할극 대본 작성 시간이 더 많이 필요할 경우 블록수업으로 구성하여 진행하거나 교사가 의도성을 가지고 대본의 일부를 작성해서 제시하는 것도 좋은 방법이 될 수 있을 것입니다. 또한 직업을 선정하고 역할극 대본을 작성하는 과정에서 직업의 필요성을 담아내지 못하는 모둠이 있을 경우 교사가 적극적으로 개입하는 것도 고려해야 합니다.

때에 따라서는 우리 사회에 꼭 필요한 직업에 대해 사전조사를 해 오도록 적절한 과제를 부여할 수도 있습니다. 만일 직업에 대한 사전조사 과제가 부여된 경우라면 전개활동에서 과제를 친구들과 공유하고 나눌 수 있는 시간을 배려해야 합니다. 수업이 끝난 후에는 직업 역할극 대본을 교실 뒷면에 게시하여 아이들이 우리 사회에 꼭 필요한 직업들을 평소에도 살펴볼 수 있도록 지도하는 것도 좋은 방법이 될 것입니다. 이때 정리활동에서 미처 작성하지 못한 포스트잇을 쉬는 시간을 이용해 추가로 작성해서 붙일 수 있도록 한다면 수업 이후까지 아이들의 활동이 활발하게 이어질 수 있을 것입니다. 마지막으로 학교와 가정 간 협력학습을 위해 자신의 아빠 또는 엄마의 직업이 우리 사회에 기여하는 바를 조사하여 공책에 정리하도록 지도할 수 있습니다. 또는 자신이 좋아하는 직업에 대해 더 자세히 조사하는 기회로 삼는다면 아이들의 꿈을 찾는 진로교육으로 연계하여 교육할 수 있을 것입니다.

04 행복: 나, 너, 우리가 만드는 행복 바이러스

우리가 바라본 세상

'인문학 아고라: 어떻게 살 것인가'에서 구글 명상 전문가인 차드 멍 탄(Chade Meng Tan)이 '행복에 관하여'란 주제로 강연을 했다. 구글 사에서는 '20%의 시간'이라 해서 근무 시간 중 20%는 하고 싶은 걸 할 수 있도록 하는데, 차드는 그 시간을 직원들의 정서지능(EQ)을 계발하는 프로그램에 투자했다. 프로그램 이름은 '너의 내면을 검색하라'였으며, 구글에서 가장 인기 있는 과정이 되었다. EQ란 과학적으로 자신과 타인의 기분과 감정을 이해하고 그들 사이를 구분하며 이 정보를 자신의 생각과 행동의 지침으로 이용하는 능력이라고 정의하는데, 여기 더 좋은 정의가 있다. 정서적 지능에 기술을 합친 상태라는 것이다. 기술이란 점이 중요하다. 기술은 훈련 가능한 것이기 때문에 EQ 역시 훈련할 수 있으며 결국 행복도 훈련으로 얻을 수 있다는 얘기가 되기 때문이다.

▲ 차드 멍 탄씨는 구글 창립 초기 엔지니어로 입사, 도중에 사내 명상 프로그램을 개발하면서 호평을 받자 이 분야에 집중해 이후 자선재단을 설립하고 수많은 벤처기업 자문역으로 활동하고 있다.(고려대 제공)

출처: http://biz.chosun.com/site/data/html_dir/2014/11/07/2014110701952.html

교육의 눈으로 성찰하기(한 선생님의 성찰일기)

삶을 살아가면서 내가 중요하게 여기는 것들의 가치를 아는 것이 필요하다고 생각합니다. 특히 초등학교 아이들에게는 물질적인 것이 가져다주는 기쁨보다 정신적이고 경험적인 것들이 가져다주는 기쁨이 더 큰 행복이라는 점을 깨닫게 해주고 싶었습니다. 아이들의 모든 의미 있는 삶에는 기본적으로 경제력이 뒷받침되어야 하지만, 그것 말고도 소소한 행복을 찾는 데서 기쁨을 느낄 수 있도록 지속적인 활동을 통해 아이들에게 자극을 주고 싶습니다. 행복도 훈련하면 얻을 수 있다는 말을 듣고 보니 아이들에게 다른 것보다 자기 가까이에 있는 행복을 찾는 방법을 알려주고 싶어졌습니다.

성찰협력수업으로 가르치기

□ 교육의 눈으로 성찰한 내용을 협력적인 수업으로 어떻게 가르칠 수 있을지 구상해보세요.

동기유발	
목표인식	
전개활동	
정리활동	

동기유발 – 오늘의 칭찬받을 친구를 앞에 세우고 한 사람씩 돌아가며 10초씩 행복을 빌어줍니다. 이때 자기 기분도 좋아진다는 사실을 알아보도록 합니다. 상대방의 행복을 빌어줄 때 친구뿐만 아니라 나까지 행복하게 되는 비밀을 풀어보자고 권유합니다.

목표인식 – '습관은 성격이 되고, 성격은 나의 인격이 된다'라는 주제로 친구들과 함께 실천할 수 있는 습관들을 마음공책에 담아보도록 합시다.

전개활동 – 첫째, '가장 좋은 습관 VS 가장 나쁜 습관'에 대한 미니 콘테스트를 열어 자신이 알고 있는 습관들에 대해 친구들 앞에서 소개하도록 합니다. 콘테스트로 진행하는 만큼 가장 좋은 습관과 가장 나쁜 습관으로 선정되면 작은 보상을 해주도록 합니다. 둘째, 학급 친구들과 함께 실천해보고 싶은 좋은 습관을 모둠별로 선정하도록 합니다. 모둠별로 좋은 습관에 대해 이야기를 나누어보고 학급에서 실천 가능한 습관 전략을 짜보도록 합니다. 셋째, 모둠별로 선정한 좋은 습관에 대해 친구들 앞에서 발표합니다. 친구들의 발표를 듣고 우리 학급에서 우선적으로 실천하고 싶은 습관 전략을 학급 친구들과 함께 선정하도록 합니다.

정리활동 – 지금까지 친구들과 나눈 좋은 습관 전략을 떠올리며 자신의 마음공책에 적어보도록 합니다. 자신이 적은 좋은 습관을 친구들에게 소개하고 다짐하는 시간을 갖습니다.

성찰협력의 눈으로 다시 바라보기

인성교육은 자신의 행복을 찾는 것에서부터 시작됩니다. 상대방의 소소한 일상을 칭찬해주는 행복 찾기가 아이들의 작은 습관으로 자리매김할 수 있다면 이런 인성교육이 자연스럽게 이루어질 것입니다. 그런 점에서 친구의 행복을 빌어주는 동기유발과 좋은 습관을 찾아보는 이번 학습이 아이들에게 주는 의미는 매우 큰 것 같습니다. 수업의 전개활동 단계를 보면 좋은 습관과 나쁜 습관을 분리해보고 좋은 습관에 대한 실천 전략을 아이들 스스로 짜볼 수 있도록 배려한 점이 좋았습니다. 아이들 스스로 좋은 습관에 대해 성찰해보고 서로 협력하여 실천전략을 구성해가는 과정 자체가 그대로 성찰협력학습으로 이어질 것입니다.

중요한 것은 성찰협력수업을 통해 고민하고 계획한 내용이 아이들 각자의 삶에서 어떻게 구체화될 것인가 입니다. 본시 수업목표와 정리활동에서 잠시 언급된 마음공책을 평소 학급운영에 적극 활용한다면 인성교육의 끈이 계속 이어질 것이라 기대됩니다. 아이들의 마음에 좋은 습관의 꽃이 피려면 한 차시 수업만으로는 부족합니다. 수업시간 외에도 아침활동과 쉬는 시간 그리고 점심시간 등 마음공책을 지속적으로 활용할 수 있는 구체적인 실천 전략이 필요해 보입니다. 특히 본시처럼 평소 아이들이 활용하는 마음공책을 수업시간에도 연계해서 활용할 수 있도록 인성교육에 관한 수업주제를 정해 진행할 필요가 있습니다.

05 언어: 세종대왕의 한글, 대한민국의 한국어

우리가 바라본 세상

JTBC 〈비정상회담〉에서 모국어의 소중함에 대한 열띤 토론이 벌어졌다.

터키 출신인 에네스는 "한국 사람은 한국어를 사랑하고 변형되지 않게 지켜야한다. 언어가 흔들거리면 민족이 흔들린다. 은어를 쓰다 보면 후손들이 그 말을 배우게 되고, 결국에는 정통성을 잃게 된다."고 주장했다. 이 말을 들은 대다수의 외국인들이 에네스의 말에 동의했다. 벨기에의 줄리안은 "한국말은 정말 재미있다. 우리가 듣기에는 한국말이 색다르게 해석되기도 한다. 굳이 노래에 영어를 섞어 넣지 않아도 한국말 자체로 좋다."고 미소를 지었다. 줄리안의 말처럼 국내 대다수의 가수들이 노래에 영어를 넣고 있다. 심지어는 한국말에 영어처럼 운율을 넣어 노랫말을 만들기도 한다. 이에 샘은 싸이를 예로 들며 "싸이의 〈강남스타일〉은 한국말이 많지만, 전 세계적으로 흥행했다. 그러나 영어가 섞인 〈행 오버〉는 잘 안 되었다. 한류 진출을 위해 영어를 쓴다는 것은 오류가 있다."고 설명하기도 했다.

출처: http://osen.mt.co.kr/article/G1109986765

교육의 눈으로 성찰하기(한 선생님의 성찰일기)

그 나라의 문화가 깃든 것이 언어인데, 근간이 흔들리면 결국 부정적인 미래가 올 것이라는 외국인 패널들의 열띤 이야기들은 저에게도 교훈이 되었습니다. 외국인들을 보며 한국어에 대한 소중함을 새삼 느낀다는 것이 아이러니하게 느껴지기도 합니다. 그러나 이들만큼 정석으로 한국어에 다가간 이들이 없다고 생각되기에 이들의 주장과 토론은 매우 의미가 있다고 생각합니다. 이러한 내용을 교육의 눈으로 성찰해보니 아이들에게 한국어에 대한 자부심과 소중함을 일깨워줘야겠다는 생각이 들었습니다. 요즘 인터넷과 TV 방송을 보면 아무렇지도 않게 줄임말과 은어, 속어가 난무하고 있고 아이들은 필터 없이 그 내용을 그대로 받아들입니다. 어린 시절은 한글을 가장 바르게 읽고 써야 할 시기이므로 한글이 얼마나 우수하고 중요한지 그리고 바른 언어 사용이 왜 중요한지 배워보는 시간을 갖게 해주고 싶습니다.

성찰협력수업으로 가르치기

□ 교육의 눈으로 성찰한 내용을 협력적인 수업으로 어떻게 가르칠 수 있을지 구상해보세요.

동기유발 – 〈무한도전〉의 가요제 영상 중 일부를 보여주고 가사를 따라 읽으며 외래어와 비속어가 얼마나 많이 포함되어 있는지 살펴보도록 합니다. 가사 내용 중 이해되지 않는 부분을 찾아보고 무슨 뜻인지 함께 해석해보는 시간을 갖습니다.

목표인식 – '내 사랑 한국어를 지켜라!'라는 주제로 순우리말을 살펴보고 외래어나 은어, 비속어가 들어간 가사를 적절하게 개사하여 봅시다.

전개활동 – 첫째, 초등학생들이 알아두면 좋을 〈기적의 순우리말〉 자료를 나누어주고 순우리말이 얼마나 아름다운지 친구들과 함께 읽어봅니다. 순우리말 자료 중 가장 아름답다고 생각되는 순우리말에 밑줄을 긋고 돌아가며 발표합니다. 둘째, 내 사랑 한국어를 지키기 위해 선생님이 미리 골라 놓은 노래 가사를 보고 외래어, 은어, 비속어 등을 모둠 친구들과 함께 순우리말로 바꾸어봅니다. 순우리말을 적용하기가 어렵다면 언어순화를 통해 한국어를 바르게 표현할 수 있도록 합니다. 셋째, 선생님이 준비해 놓은 노래방 프로그램을 이용하여 친구들과 함께 바꾼 노랫말을 직접 입력합니다. 노랫말 변경이 완료되면 저장 후 재생하여 노랫말이 어떻게 바뀌었는지 친구들 앞에서 재생해봅니다.

정리활동 – 친구들의 노랫말 변경 시연 내용 중 가장 인상 깊은 노랫말을 떠올려 발표하도록 합니다. 선생님과 함께 칠판과 공책에 순우리말을 적어보고 한국어를 더욱 아끼고 사랑하자는 다짐을 합니다.

성찰협력의 눈으로 다시 바라보기

노랫말 속의 비속어나 은어 그리고 외래어를 찾아 순우리말로 바꾸어 보는 활동은 아이들에게 적잖은 도전이 될 것입니다. 아이들이 흔히 접하는 TV 방송프로그램 중 익숙한 노랫말을 학습자료로 사용하여 아이들의 흥미를 일으키려는 생각이 좋았습니다. 비속어나 은어를 구분하지 못하고 일상적으로 사용하던 아이들이라면 친구들과 가사를 바꿀 때 순우리말을 새롭게 배워가는 기회가 될 것입니다. 다만 아이들이 〈기적의 순우리말〉 자료를 보고 얼마나 이해할 수 있을지가 의문입니다. 본 수업은 외래어와 비속어, 은어 등을 구분하는 것과 순우리말을 익혀 적용하는 학습이 중복 적용되고 있습니다. 만일 학급 아이들이 순우리말 적용을 어려워하거나 은어와 비속어 등을 구분하지 못할 경우 본시 수업을 위한 사전학습이 먼저 선행되어야 합니다.

특히 교사의 치밀한 사전준비가 수반되어야 원만하게 진행이 가능한 수업입니다. 선생님이 준비한 노래방 프로그램에 아이들이 직접 가사를 입력하고 시연하려면 우선 노랫말을 순우리말로 바꾸는 활동이 잘 이루어져야 합니다. 그러기 위해서 교사는 아이들이 익히 알 만한 노래를 미리 선정해 놓고 그 가사 중 일부를 제시하여 짧은 시간에 아이들이 외래어와 비속어, 은어 등을 순우리말로 바꾸는 활동에 동참하도록 이끌어주어야 합니다. 만일 한 차시 수업에서 모든 활동의 전개가 불가능할 경우 블록수업으로 재구성하거나 별도의 시간을 마련하여 노랫말 변경 작업을 마무리하도록 배려해줄 필요가 있습니다.

06 평화: 무심코 던진 돌멩이에 개구리는 죽는다

우리가 바라본 세상

지난 6월 이스라엘 10대 소년 3명이 납치, 살해되는 사건이 발생하고 이스라엘은 무장단체인 하마스를 배후로 지목하였다. 이런 가운데 또 다른 비극이 발생했다. 지난 7월 팔레스타인 소년 한 명이 동예루살렘 도로에서 납치, 살해당한 것이다. 목격자에 따르면, "검은색 차가 길가를 걷던 소년 옆에 서더니 강제로 차 안으로 끌어들였다." 소년의 시신은 가족이 신고한 지 1시간 만에 서예루살렘 숲에서 발견되었다. 부검 결과에 따르면 납치범들은 소년을 산 채로 불태웠다고 한다. 이 사건은 처음부터 '보복 살인'으로 의심받았다. 팔레스타인 소년은 지난달 살해된 이스라엘 소년들과 같은 연령대였기 때문이다. 사건 발생 나흘 만에 극우 유대주의자 3명이 체포되어 범행 일체를 자백했다. 이에 항의하는 시위에 참여한 팔레스타인 소년의 사촌은 이스라엘군에게 무자비하게 폭행당했다. 이 장면이 동영상으로 공개되면서 팔레스타인의 분노가 폭발했다. 예루살렘에서는 성난 팔레스타인 시위대가 유대인 운전자를 끌어내린 뒤 차량을 부수었다. 하마스는 남부 국경 지대의 이스라엘 민간인 구역으로 로켓을 발사했다. 이스라엘과 팔레스타인은 10대 소년들을 제물로 삼아 상대방의 피를 탐닉하는 지경으로 치닫게 되었다.

▲ 7월 9일 이스라엘군의 공격으로 사망한 팔레스타인 가자 지구 일가족 7명의 장례식이 치러지고 있다. ⓒEPA

출처: http://www.sisainlive.com/news/articleView.html?idxno=20793

교육의 눈으로 성찰하기(한 선생님의 성찰일기)

과거 일제 강점기 시대의 우리나라를 보는 것 같은 느낌이 들었습니다. 유대인들의 성지라는 현재의 이스라엘 지역은 세계대전이 일어나기 전만 해도 팔레스타인 사람들의 영토였습니다. 하지만 제1, 2차 세계대전을 치르는 동안 부유한 유대인들은 세계로부터 이스라엘 국가의 수립을 인정받았고, 그 후 팔레스타인 지방에 정부를 세웠습니다. 팔레스타인에 살던 기존의 사람들은 그들의 영토를 빼앗기게 된 셈입니다. 이에 따라 과거 우리나라가 일제에 대항하여 독립운동을 했듯이 팔레스타인도 저항했지만, 미국과 세계의 후원을 받는 유대인들을 당해낼 수 없었습니다. 또 최근 가자지구에 대한 대규모 무차별 공습은 나치의 홀로코스트를 연상시킵니다. 이런 뼈아픈 사실들은 아이들에게 세계의 역사를 가르쳐줄 좋은 기회가 될 뿐만 아니라 강대국 사이의 힘의 논리를 배울 수 있는 계기가 될 것입니다.

성찰협력수업으로 가르치기

□ 교육의 눈으로 성찰한 내용을 협력적인 수업으로 어떻게 가르칠 수 있을지 구상해보세요.

동기유발	
목표인식	
전개활동	
정리활동	

동기유발 – 사진으로 보는 전쟁 또는 이스라엘과 팔레스타인의 분쟁 장면을 보여줍니다. 전쟁과 분쟁의 역사 속에서 절대적으로 피해를 받고 있는 어린아이들에 대한 이야기를 함께 나눕니다.

목표인식 – 친구들과 '전쟁 STOP' 퍼포먼스를 함께 기획하고 이 세상의 평화를 위한 피켓을 만들어 캠페인을 전개하여 봅시다.

전개활동 – 첫째, 모둠별로 친구들과 함께 '전쟁 STOP' 퍼포먼스를 어떻게 전개할지 토의합니다. 퍼포먼스의 주 의도가 전쟁과 분쟁을 멈추는 데 있음을 알려주고 아이들 스스로 길거리 퍼포먼스를 준비하도록 합니다. 둘째, 세상의 평화를 위한 피켓에 들어갈 문구를 생각하여 친구들과 협업하여 완성합니다. 길거리 퍼포먼스 진행 멘트를 준비하고 순서를 정해 함께 연습합니다. 셋째, 모둠별로 '전쟁 STOP' 퍼포먼스를 어떻게 준비했는지 친구들 앞에 나와 발표합니다. 친구들의 발표를 듣고 우수 모둠을 선정해 길거리 퍼포먼스의 퍼레이드 순서를 정합니다.

정리활동 – 모둠별로 '전쟁 STOP' 길거리 퍼포먼스의 퍼레이드를 시작합니다. 쉬는 시간 및 점심시간과 연계하여 진행하되 다른 교실 수업에 방해가 되지 않도록 주의하며 복도와 중앙현관 및 학교 주변을 활용하여 진행합니다.

성찰협력의 눈으로 다시 바라보기

본 수업은 아이들 스스로 '전쟁 STOP' 길거리 퍼포먼스를 준비하면서 우리 모두가 전쟁을 막기 위해 어떠한 노력을 해야 하는지 생각해보는 소중한 시간을 마련해줄 것입니다. 특히 전쟁에 의해 어린아이들과 사람들이 얼마나 많은 고통을 겪고 있는지 목격할 수 있고, 지금도 우리나라를 비롯해 전 세계 곳곳에서 전쟁과 분쟁이 끊이지 않음을 배울 수 있을 것입니다. 다만 '전쟁 STOP' 퍼포먼스 미션의 무게감이 결코 가볍지 않으며 퍼포먼스에 대한 경험이 미숙한 경우 준비시간과 진행과정이 매끄럽지 않을 수도 있습니다. 가능하다면 한 차시 수업을 넘어서 프로젝트 수업으로 진행할 필요가 있습니다. 퍼포먼스 안에는 기획부터 퍼레이드까지 국어, 사회, 미술, 음악, 체육 표현활동 등 다양한 과목이 통합되어 있습니다. 프로젝트 수업으로 구상한다면 더 많은 수업계획이 포함될 수 있습니다.

아이들이 퍼포먼스 기획 경험이 전혀 없거나 퍼포먼스 자체를 어려워할 경우 거리 퍼포먼스 영상을 보여주고 이해를 돕는 과정이 먼저 선행되어야 합니다. 동학년이 함께 협의하여 학년 아이들 전체가 '전쟁 STOP' 퍼포먼스에 참여하도록 기획할 수도 있습니다. 때에 따라서는 경찰의 협조를 얻어 실제로 길거리 퍼포먼스를 진행해보는 것도 아이들에게 소중한 경험을 줄 수 있을 것입니다. 이스라엘과 팔레스타인의 분쟁뿐만 아니라 우리나라 역시 분단국가의 뼈아픈 역사를 가슴에 안고 살아가는 사람들이 많이 있습니다. 따라서 교실에서 시작된 아이들의 이런 작은 몸부림들이 우리 사회에 시사하는 바는 매우 클 것입니다. 퍼포먼스의 규모를 떠나 아이들에게 과거와 현재의 뼈아픈 역사를 체득할 수 있는 경험을 준다는 점에서 무척 의미 있는 수업이 될 것입니다.

정보: 세상에 널려 있는 지식을 인포그래픽으로 소통하다

우리가 바라본 세상

우리나라 사람들이 한 해 동안 소비하는 가공식품 양이 증가하고 있는 것으로 드러났다. 농림축산식품부가 최근 우리나라 가공식품 소비실태를 소개한 인포그래픽을 들여다보면, 지난해 국내 1인당 1회 가공식품 구입비용은 29,960원으로 2012년 26,100원과 비교해 3,860원 가량 증가했다. 구매율을 품목별로 보면 지난 1개월간 음료류가 97.5%로 가장 높았고 간식·분식류 91%, 과자·빙과류 77.1%, 반찬류 73.9%, 냉동식품 46.4% 순으로 나타났다. 2012년에 비해 소비가 가장 증가한 품목은 반찬류로 2012년 60.4%의 구매율을 보였던 반면 2013년에는 73.9%로 13.5% 가량 증가했다. 한편 소비자들은 가공식품 구입 시 가장 고려하는 요인으로 맛을 꼽았다. 뒤이어 제조일자, 가격, 용량, 원산지 등의 순으로 나타났다.

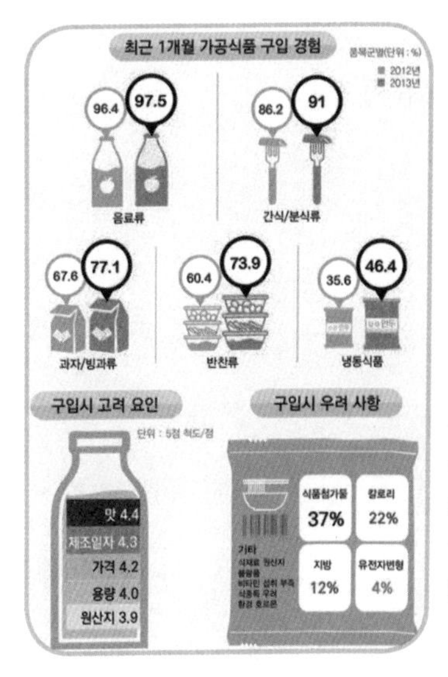

▲ 자료 출처 : 농림축산식품부, 한국농수산식품유통공사 / 제작 일자 : 20140710
농림축산식품부 www.mafra.go.kr / 한국농수산식품유통공사 www.at.or.kr
출처: http://news.visualdive.co.kr/2014/09/%ec%99%b8%eb%b6%80-%ea%b0%80%ea%b3%b5%ec%8b%9d%ed%92%88-%ec%86%8c%eb%b9%84%ec%8b%a4%ed%83%9c/

교육의 눈으로 성찰하기(한 선생님의 성찰일기)

가공식품을 구입할 때 소비자들이 가장 중요시하는 사항을 인포그래픽(Infographics)으로 잘 정리해서 보여주는 뉴스를 보았습니다. 인포그래픽은 데이터를 시각화시킨 것으로, 데이터 분석 결과를 쉽게 이해할 수 있도록 도표라는 시각적 수단을 통해 정보를 효과적으로 전달합니다. 정보를 구체적, 표면적 그리고 실용적으로 전달한다는 점에서 일반 그림이나 사진 등과 구별됩니다. 뉴스에서 제시되었던 인포그래픽을 보면 최근 1개월간의 구입율과 전년 대비 증가율이 가장 높았던 것, 구입 시 소비자가 가장 고려하는 요인이나 우려사항 등의 다양한 정보가 한눈에 쉽게 들어오도록 정리되어 있다는 것을 알 수 있습니다. 이런 인포그래픽을 교육에 활용하거나 아이들 스스로 자료를 정리할 때 이용할 수 있다면 많은 도움이 될 것이라는 생각이 들었습니다.

성찰협력수업으로 가르치기

□ 교육의 눈으로 성찰한 내용을 협력적인 수업으로 어떻게 가르칠 수 있을지 구상해보세요.

동기유발 – 인포그래픽 App을 활용해 아이들이 흥미로워할 만한 인포그래픽 내용 중 하나를 선정해 보여줍니다. 인포그래픽 내용이 방대하다면 큰 제목이나 그림을 중심으로 간단하게 소개합니다. 예를 들어 '대한민국 아이스크림의 변천사'를 보여준다면 연도별 대표 아이스크림을 이미지 중심으로만 짧게 소개합니다.

목표인식 – '세상에 널려 있는 지식을 인포그래픽으로 소통하자!'는 주제로 인포그래픽을 모둠별로 살펴보고 친구들 앞에서 소개해봅시다.

전개활동 – 첫째, 교사가 모둠별 숫자에 맞춰 미리 선정해 놓은 인포그래픽을 제비뽑아 모둠별로 하나씩 가져갑니다. 자기 모둠에서 뽑은 인포그래픽 내용을 친구들과 함께 살펴보고 각자 의견을 나누어 발표할 준비를 합니다. 둘째, 모둠별로 돌아가며 자기 모둠에서 준비한 인포그래픽을 화면에 띄워 친구들에게 소개합니다. 이때 가능한 한 모든 모둠원들이 돌아가며 발표하고 중요 이미지를 중심으로 발표하도록 합니다. 셋째, 다음 시간에 모둠원이 직접 만들고 싶은 인포그래픽 테마를 모둠 친구들과 협의하여 정하도록 합니다. 테마를 정한 후 각자 조사해 올 소제목을 정하여 공책에 정리합니다.

정리활동 – 인포그래픽을 활용한 첫 번째 수업이므로 인포그래픽으로 표현하는 대표적인 방법들에 대해 간략히 정리해서 보여줍니다. 예를 들어 주제 제시형, 방법 설명형, 꿀팁 소개형, 정보 추천형, 시간 흐름형, 연대별 표기형, 의사 결정형, 상세 분류형 등으로 정리해주면 좋습니다. 예시자료를 보여주어 아이들이 인포그래픽으로 어떻게 표현할 수 있을지 미리 구상할 수 있도록 합니다.

성찰협력의 눈으로 다시 바라보기

인포그래픽은 주요 정보를 간단명료하게 전달해주므로 아이들의 흥미유발은 물론 내용을 요약하는 방법까지 익힐 수 있는 좋은 교육방법입니다. 하지만 그래픽의 단순함에 비해 설명할 자료가 방대한 경우가 많아 주요 내용을 적절하게 취사선택할 필요가 있습니다. 또한 인포그래픽 App 또는 인터넷 뉴스 중에는 아이들이 이해하기 어려운 기삿거리가 많으므로 교사의 적절한 지도가 수반되어야 합니다. 특히 아이들이 사전과제로 인포그래픽 내용을 정리해 올 때 너무 어려운 내용을 그대로 베껴 오는 것보다 자신이 이해한 내용을 중심으로 정리해보도록 안내하는 것이 바람직합니다.

본 차시 수업은 인포그래픽을 도입하는 첫 차시로 인포그래픽에 대한 맛보기 겸 다음 시간 인포그래픽 구성을 위해 준비하는 차시로 구성되었습니다. 따라서 인포그래픽을 통한 동기유발을 하면서 아이들이 도전할 수 있는 적절한 인포그래픽 구성 주제를 정하도록 이끌어가야 합니다. 그래픽 도안을 어려워하는 친구들을 위해 교사가 인포그래픽에 삽입할 적절한 이미지를 준비하고 직접 오려서 사용하도록 안내하는 것도 좋은 방법입니다. 다만 그래픽 이미지에 함몰되어 인포그래픽 주제에 맞는 내용 구성이 뒷전으로 밀리지 않도록 점검해줄 필요가 있습니다.

□ 내가 도전하는 위대한 성찰협력수업 이야기

우리가 바라본 세상

교육의 눈으로 성찰하기

성찰협력수업으로 가르치기	
동기유발	
목표인식	
전개활동	
정리활동	

성찰협력의 눈으로 다시 바라보기

1부

수업성찰, 생각을 열다

수업성찰, '생각의 강'을 건너야 한다

자신의 수업을 객관적인 눈으로 다시 성찰하는 과정이 필요합니다.

어느 방송에서 생방송에 진출할 Top 10을 선정하기 위해 출연자들이 경합하고 있습니다. PD는 출연자들의 간절한 마음을 보여주기 위해 경합의 준비과정을 보여줍니다. 그중 한 출연자가 자신이 녹화된 영상을 보고 또 보며 노래와 춤동작에서 실수한 부분을 찾아 성찰하고 있는 모습이 보입니다. 그녀는 경합에 참여하는 자신의 목소리가 얼마나 떨리고 있는지, 왜 처음 계획했던 춤동작을 제대로 표현하지 못했는지 등 세밀하게 영상을 분석하고 있었습니다.

오디션에 참여하는 이런 젊은 친구들의 간절한 모습은 나를 부끄럽게 합니다. 나는 나의 수업성장을 위해 얼마나 몸부림치고 있는지, 내 수업 영상을 몇 번이나 살펴보고 점검해보았는지 잠시 눈을 감고 회상에 잠겼습니다. 교사가 된 지 4년째였던 나는 소규모 학교에서 대규모 학교로 첫 전근을 했습니다. 학급당 학생 수는 평균 4명에서 28명으로 갑자기 늘어나 정신이 없었습니다. 또 동학년 모임을 통한 협의과정 단계가 복잡하고 수업 외적인 것들에 적응하느라 매우 분주했습니다. 그럼에도 이제 정말 좋은 수업이란 걸 만들어볼 수 있다는 생각에 바쁜 하루하루가 행복하기만 했던 기억이 납니다. 그 당시 학교는 협동학습의 물결이 강렬해 좋은 수업이라 함은 협동학습을 수업에 적용하여 모둠별 활동을 활발히 진행하는 수업을 의미할 정도였습니다. 그러나 협동학습의 구조를 학급 아이들에게 적용해 좋은 수업을 만들기에는 역량이 부족했습니다. 그래서 나는 동료교사들을 모아 협동학습 연수를 하나씩 쫓아다녔습니다.

협동학습은 수업에 대한 나의 사고방식을 재구조하는 데 크게 도움이 되었습니다. 그러나 협동학습의 구조 하나하나를 수업에 적용했을 때 어떤 변화가 어떻게 일어나는지에 대한 세밀한 수업분석이 필요하다고 느꼈고, 그 해결점을 찾기 위해 수업연구에 관심 있는 동료교사들과 함께 교사학습공동체를 만들게 되었습니다. 처음 우리들의 수업실천은 단순히 협동학습의 구조를 적용해보고 그에 대한 피드백을 나누는 것이었고, 그런 나눔은 우리 같은 초보교사들의 좋은 수업에 대한 갈급함을 채워주기에는 충분했습니다. 우리는 서로의 수업사례를 들을 수 있었고, 거기에 협동학습의 구조가 각 학교의 형편에 따라 어떻게 적용될 수 있는지를 공유할 수 있었습니다. 또 책에서만 접한 협동학습의 구조들이 교실 수업 상황에 실제로 접목될 때 드러나는 문제점들이 무엇인지 부정적인 부분까지 찾아낼 수 있었습니다.

우리는 한 발 더 나아가 교실 수업에서 바로 사용할 수 있는 협동학습의 구조들을 먼저 시연해보기로 하였습니다. 교사들끼리 마이크로티칭(micro-teaching)[1]을 적용해보기로 한 것입니다. 먼저 우리가 알아보고 싶은 협동학습의 구조를 종류별로 선정하고 참여교사들이 각자 맡은 협동학습 구조를 미리 연구하였습니다. 그리고 매주 서로 돌아가며 협동학습의 구조를 마이크로티칭 방법으로 시연하였습니다. 협동학습의 구조에 따라 말로만 설명하고 이해하는 데 한계가 있는 것은 교사들이 직접 학생 역할(이끔이, 나눔이, 지킴이, 깔끔이, 칭찬이 등)을 맡아 협동학습의 구조에 대해 이해하려고 노력하였습니다. 문제는 이런 협동학습의 구조를 어떻게 교실 수업에 직접적으로 적용할 수 있을 것인가 였습니다. 협동학습의 구조를 아무리 잘 이해했다 하더라도 실제 교실 수업에 적용하는 건 또 다른 문제였기 때문입니다. 뭔가 다른 특단의 조치가 필요했습니다.

그래서 교사학습공동체에 참여하고 있는 다른 동료교사들의 교실을 직접 찾아 나서기로 했습니다. 협동학습이 적용되는 교실 수업 탐방은 그렇게 시작되었습니다. 교실 현장에서 보는 협동학습은 우리가 책상에서만 나누었던 것과는 차원이 달랐습니다. 아이들의 움직임에서 드러나는 협동학습의 장점은 더 강렬했고 수업의 변화는 확연히 드러났습니다. 그러나 협동학습에 참여하는 모든 아이들에게 협동학습에서 말하는 4가지 기본원리(PIES)[2]가 모두 적용되는 것은 아니었습니다. 특히 긍정적인 상호의존(Positive Interdependence)을 형성하기가 가장 어려웠습니다. 교사들과 함께 나누었던 협동학습의 마이크로티칭에서는 가장 잘 이루어졌던 것이 긍정적인 상호의존이었는데 막상 교실 수업에 적용해보니 우리가 그렸던 그림과 달랐습니다. 아이들 간 긍정적인 상호의존이 형성되려면 수업 전에 먼저 아이들 간 상호신뢰가 형성되어 있어야 했습니다. 즉 상호의존에 관한 학급 세우기와 모둠 세우기가 먼저 훈련되어 있어야만 협동학습의 긍정적인 상호의존 원리를 적용할 수 있었던 것입니다.

우리들끼리 연습할 때 긍정적인 상호의존성이 쉽게 형성되었던 건 참여한 교사들의 마음가짐이 협동학습에 긍정적으로 반응했기 때문이었습니다. 하지만 아이들의 상황은 달랐습니다. 협동학습의 구조 하나를 적용하는 것이 여간 어려운 게 아니었습니다. 때론 재미있게 협동학습에 참여하기도 하지만 아이들 한 명 한 명을 세밀하게 살펴보면 여기저기에서 협동학습의 원리가 무너지고 있음을 알 수 있었습니다. 안타깝게도 이 사실을 깨닫지 못하는 건 앞에서 열심히 수업을 진행하고 있는 수업자뿐이었습니다. 우리는 협동학습 수업이 끝난 후 성찰테이블에 둘러앉아 수업에 대한 협의회를 가졌습니다. 수업자 교실에서 일어난 학생들의 유기적인 움직임은 아이들의 친구관계와 모둠원들의 수준차에 따라 복잡하게 얽혀 있었습니다. 거기에 협동학습의 기본원리와 구조들을 적용하였으니 이 복잡한 얼개를 이해하는 것만도 보통일이 아니었습니다. 그럼에도 참관한 교사들은 다양한 측면에서 수업자가 놓친 협동학습의 이야기들을 나누어주었습니다. 또 하나의 문제는 수업자가 협동학습을 참관한 교사들의 수업분석을 온전하게 이해하지 못한다는 점이었습니다. 수업자는 수업을 이끌어가는 위치에만 서 있어 참관자처럼 제3자의 눈으로 아이들의 움직임을 관찰할 수 없었기 때문입니다.

수업자가 참관자처럼 협동학습을 외부인(outsider)의 시각에서 바라보려면 자신의 수업을 객관적인 눈으로 다시 살펴보는 과정이 필요했습니다. 어쩔 수 없이 우리는 녹화된 수업영상을 활용하여 수업자가 수업진행자의 관점뿐 아니라 수업참관자의 안목까지 성찰하길 원했습니다. 하지만 수업영상을 보여주는 순간 성찰테이블 한쪽에서 소리 없는 비명이 들려왔습니다. 바로 자신의 수업영상을 공개적으로 다시 봐야 하는 수업자의 경악하는 모습이었습니다. 할 수 없이 수업녹화자료는 수업자 홀로 살펴보고 개인수준의 수업성찰[3]을 하기로 했습니다.

최근 학교 현장에서는 수업 후 협의회에서 참관자들이 수업자에게 보다 객관적인 시각으로 수업비평을 하는 모습이 사라지고 있습니다. 수업자와 참관자가 동등한 입장에서 생각을 나누어보자는 성찰테이블에서조차 수업자에게 참관자가 수업의 부족한 점을 짚어주기가 쉽지 않은 분위기입니다. 수업협의회 분위기가 이렇다 보니 수업성찰에 있어서만큼은 수업자 스스로 얼마나 자신의 모습을 직시하려고 노력하느냐가 중요해졌습니다. 수업성찰의 강을 건넌다는 건 자기 스스로 동여맨 수업의 빗장을 스스로 풀어헤치고 자신이 아이들과 어떻게 상호작용하였는지 개방하는 것을 의미합니다. 교사 스스로 열어가는 수업성찰이란 아무나 할 수 없겠지만 그 반대로 누구나 도전할 수 있는 나만의 과제임이 분명합니다.

[1] 마이크로티칭(micro-teaching)이란 교사들(예비교사들)에게 수업의 실행과 연습기회를 제공해주기 위해 실제 수업상황을 고도로 압축하여 설명하거나 시연하는 일종의 교사교육 프로그램을 말한다.

[2] 협동학습의 4가지 기본원리(PIES)는 ≪협동학습≫(스펜서 케이건 저, 디모데)에서 언급한 긍정적인 상호의존(Positive Interdependence), 개인적인 책임(Individual Accountability), 동등한 참여(Equal Participation), 동시다발적인 상호작용(Simultaneous Interaction)을 말한다.

[3] 여기에서 수업성찰이란 좋은교사 수업코칭연구소와 ≪교사, 수업에서 나를 만나다≫(김태현 저, 좋은교사)에서 말하는 수업성찰과 그 맥을 같이한다.

선(先)헌신 후(後)비전의 마인드를 가져라

치열한 수업성찰의 과정을 거쳐야 수업성장을 이룰 수 있습니다.

풋내기 대학생 시절 아르바이트를 처음으로 했을 때의 이야기입니다. 나는 잉크 없이 찍히는 스탬프 판촉을 위해 난생 처음으로 맞춤정장을 입고 도심가 한복판에 섰습니다. 당시는 잉크 없이 찍히는 스탬프가 처음으로 시판되어 대중에게 아직 소개되기 전이었기 때문에 판매하기가 여간 어려운 것이 아니었습니다. 게다가 다른 사람 앞에 서면 얼굴부터 붉어지는 내가 판매에 나섰으니 첫 아르바이트 과제로는 너무 벅찬 것이 사실이었습니다. 그럼에도 불구하고 다른 때보다 일찍 찾아온 한여름에 나는 검정색 사무가방에 계약서와 스탬프 샘플을 넣고 도시를 활보했습니다.

첫 상점에 들어가기 전 나는 전해야 할 말을 준비하고 또 준비해서 들어갔습니다. 그럼에도 심장은 요동쳤고 등에서는 굵은 땀이 흘러내려 어깨에 걸친 양복이 무거워지기 시작했습니다. 다행인지 불행인지 처음으로 들어간 ○○제화에는 나와 같은 아르바이트생만 덩그러니 혼자 있어

가슴을 쓸어내리고 도망치듯 상점 밖으로 뛰쳐나왔습니다. 그날따라 하늘은 유달리 하얗게 부풀어 있는 것 같았고 태양은 무심하게도 푹푹 내리쬐는 것만 같았습니다. 그래도 나는 힘을 내서 번화가 상점들이 줄지어 있는 한 블록을 다 돌았습니다. 그러나 신 개념 스탬프에 관심을 보이는 점주는 단 한 명도 없었습니다.

'이건 신 개념 스탬프가 아니라 난(難) 개념 스탬프로군!' 이런 생각을 하며, 상점을 여기저기 돌아다니며 깨달은 사실은 일반적으로 스탬프 아래 잉크패드가 짝으로 놓여 있다는 것이었습니다. 잉크 없이 찍히는 스탬프가 꼭 필요할지 나조차 의문이 들었습니다. 그야말로 신 개념 스탬프의 비전이 보이지 않는 순간이었습니다. 첫 아르바이트로 맡은 일에 비전이 보이지 않는다는 건 너무 절망스러운 일이었습니다. 그러나 그 당시엔 어떻게 해서든 오늘 내게 주어진 할당량을 해결보고 싶었습니다. 비전이 보이지 않으면 억지로라도 신 개념 스탬프의 비전을 찾아보고 싶었습니다.

이제 겨우 한 블록을 돌았을 뿐인데 온몸은 땀으로 범벅이 되었지만, 오기가 생긴 건지 두 번째 블록을 다닐 때는 신 개념 스탬프가 싫다면 왜 기존의 스탬프를 고집하는지 그 이유라도 듣고 싶어졌습니다. 그러자 두렵고 떨리는 마음은 사라지고 신 개념 스탬프를 팔지 못해도 좋으니 당당하게 소개라도 해야겠다는 생각이 들었습니다. 내 생각이 바뀌자 첫 번째 블록에서 보이지 않던 것들이 보이기 시작했습니다. 먼저 기존 스탬프는 잉크패드를 계속 사용해야 되기 때문에 잉크패드 주변이 매우 더러웠다는 점입니다. 그리고 한 번에 여러 장을 연속해 찍어야 할 경우 스탬프와 잉크패드를 번갈아 찍기가 매우 번거롭다는 것이 눈에 들어왔습니다. 더욱이 급하게 물건을 받는 야외에서 스탬프를 사용해야 할 때면 잉크패드를 따로 들고 다녀야 해서 매우 귀찮다는 것도 알게 되었습니다.

처음 신 개념 스탬프를 소개할 때는 비전이라고는 아예 보이지도 않았습니다. 비전이 보이지 않으니 지속적으로 헌신하고 싶은 욕망까지 사라진 것이 사실입니다. 하지만 역발상(易發想)을 해보니 눈에 보이지 않는 비전은 온몸에 땀을 흘리는 헌신을 통해 찾으면 그만이라는 생각이 들었습니다. 아무도 걸어가지 않았다고 해서 길을 낼 수 없는 것은 아니었습니다. 생각을 조금만 바꾸면 누구나 할 수 있는 것을 아무도 도전하지 않는다는 것이 더 문제라는 생각이 들자 자신감이 생겼습니다.

동료교사들과 수업성찰을 나누다 보면 신규 교사시절 교단의 대선배를 보며 나도 10년 후 저 선배처럼 멋진 교사가 되어 있을 거라고 생각했었다는 말을 자주 듣곤 합니다. 그렇게 교사라면 누구나 수업성장을 꿈꿉니다. 교단에 서는 세월이 깊어 가면 수업성장이 저절로 일어날 것만 같습니다. 하지만 꿈꾸는 것만으로는 한계가 있습니다. 수업성장을 이루려면 먼저 수업성찰에 나서야 합니다. 나의 수업을 먼저 동료교사들에게 드러내 놓고 수업의 부족한 점을 스스로 성찰해보려는 첫걸음이 가장 중요합니다. 그 후 다른 교사들의 수업을 보는 안목을 길러야 합니다. 나와 다른 수업에는 바로 다름(differentiation)이 들어 있고, 다름은 내게 교육자로서 성장할 수 있는 지름길을 안내해줍니다. 수업성찰이란 교사의 특징에 따라 수업에 다름이 있다는 것을 인정하고 그 다름에서 받은 소소한 영감을 내 수업과 견주며 곱씹어 먹는 것이라고 할 수 있을 것입니다.

수업성찰 후 수업성장! 교사들이 성장하는 비밀이 아닐까요?

10여 명의 젊은 교사들과 매주 수업분석이라는 주제로 모인 적이 있습니다. 주제가 수업분석이다 보니 각자의 수업을 미리 준비하여 동료교사들에게 소개하고 수업을 세밀하게 나누어 분석하는 활동을 이어갔습니다. 그 멤버들 중 한 남선생님의 수업이 매우 독특해서 수업을 함께 나눌 때마다 여러 갈래로 의견이 나뉘었습니다. 그 선생님은 일단 형식적으로 준비된 수업에서 벗어나길 원했습니다. 누구에겐가 보여주는 수업이 아니라 자기만의 독특한 수업스타일을 개척해 나가고 싶어 했습니다. 그 수업을 바라보는 교사들의 눈은 자연스럽게 희비가 엇갈렸고 때론 좋은 수업이 되기도 하고 때론 너무 무모한 수업이 되기도 했습니다. 그 선생님에게 물어보니 아이들도 수업에 대한 반응이 엇갈린다고 합니다.

수업 내용은 주로 이런 것이었습니다. 5학년 음악교과 '얼씨구 좋네!'를 주제로 아이들이 우리 음악의 멋과 흥취를 느끼고 그 가치를 이해할 수 있도록 오전 수업을 모두 블록수업으로 묶어 계획했습니다. 1차시는 세계 속의 우리 음악을 알아보기 위해 우리나라의 세계 무형 유산을 간단히 알아보고 각 지방의 대표 민요를 감상하는 시간을 가졌습니다. 2차시와 3차시에는 아이들을 두 팀으로 나누어 한 팀은 음악실로 이동하고 다른 팀은 교실에 남아 각 팀에서 우리 음악을 하나 정해 함께 연습하고 발표할 준비를 하도록 하였습니다. 그리고 4차시에는 다시 한 교실에 모여 각 팀에서 준비한 우리 음악을 소개하고 발표하는 활동을 전개하였습니다. 수업의 특징은 한마디로 집중과 선택이었습니다. 그 선생님은 음악교과에 제시되어 있는 모든 학습내용을 강의식으로 가르치는 수업방식을 벗어던지고, 아이들이 주도가 되어 팀별로 연습하고 싶은 우리 음악을 선택하고 함께 준비하고 발표하는 공연식 수업방식을 택한 것이었습니다.

규범형 선생님과 규범형 아이들은 강의식 수업이 편하고 이해도 잘 됩니다. 하지만 탐구형 교사들과 아이들은 일반적인 강의식 수업보다 자신이 선택하여 도전해볼 수 있는 창의적인 과제해결식 수업을 선호합니다. 수업을 바라보는 눈이 교수자와 학습자의 학습유형에 따라 이렇게 다르니 수업의 성패가 엇갈리는 것은 당연합니다. 그럼에도 불구하고 교육과정의 상당부분을 재구성한 수업을 받아들일지 말지를 교사들의 입장에서 결정하려다 보니 혼란이 생긴 상태였습니다. 우리는 좋은 수업과 나쁜 수업을 가리려는 이원론적인 접근보다 교사 스스로 자신의 수업과 대비하여 배울 점이 무엇인지를 성찰하는 과정이 더 중요하다고 생각했습니다. 이 수업을 바라보는 교사들 역시 개인의 판단에 따라 좋을 수도 나쁠 수도 있기 때문입니다. 분명한 건 나와 다른 수업을 볼 수 있는 기회가 있다면 진지하게 성찰할 수 있는 계기로 삼을 수 있고, 그 수업성찰이 나의 수업을 한 단계 업그레이드해줄 것이라는 믿음일 것입니다.

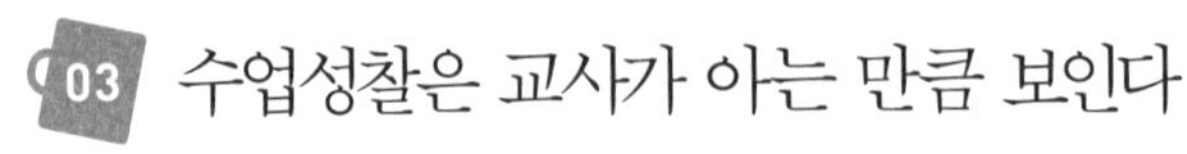

03 수업성찰은 교사가 아는 만큼 보인다

어둠을 깨치고 나갈 용기 있는 위대한 교사가 필요한 때입니다.

지리산 국립공원 야간등반을 허가해주던 대학시절에 나는 동아리 독수리훈련에 참여하였습니다. 동아리 독수리훈련은 저녁 6시 백무동 야영장 입구에서 시작되었고 훈련에 참여한 친구들은 모두 20여 명 정도 되었습니다. 문제는 그중 지리산 야간등반 유경험자가 졸업을 앞둔 선배 단 1명이라는 사실이었습니다. 대부분의 친구들은 지리산은 물론이고 야간등반 경험 자체가 전무했습니다. 더욱이 우리가 감행해야 할 야간등반은 백무동~장터목~천왕봉을 잇는 급경사 코스로 다음날 새벽 5시 30분 천왕봉 일출을 보는 것을 목표로 한 상태였습니다. 하지만 당시 우리에게 그런 사실은 전혀 문제가 되지 않았습니다. 야간등반의 경험이 전혀 없었기 때문에 지리산 천왕봉의 1519m가 얼마나 높은 건지, 야간등반이 얼마나 고달프고 위험한 건지 감을 잡지 못했기 때문입니다. 대신 불빛이 하나도 없는 깜깜한 지리산 숲속 하늘에서 쏟아지는 수많은 별들을 보며 마냥 신기하고 경이로울 뿐이었습니다.

우리는 "독수리 날개 치듯이~!"라는 구호를 힘차게 외치며 야간등반을 시작했습니다. 백무동 야영장 입구 안내판에는 위로 계속 올라가면 한신계곡을 지나 세석평전을 가는 등산로이고, 왼쪽 야영장 쪽으로 가면 장터목산장으로 가는 등산로라고 적혀 있었습니다. 우리의 첫 번째 코스는 백무동에서 장터목산장까지 급경사를 4시간 만에 완주하는 것이었으므로 왼쪽 야영장 쪽으로 들어갔습니다. 저녁이라 그런지 빼곡히 들어서 있는 나무들 사이로 계곡물 소리가 우렁차게 들려서 마음의 힐링이 되는 느낌이었습니다. 하지만 그것도 잠시, 앞서가던 여학생 몇 명이 힘들다며 주저앉아버렸습니다. 할 수 없이 뒤따라오던 남학생들이 여학생들의 짐까지 메고 산행을 계속했습니다. 이미 무거운 텐트를 짊어지고 있어서 발걸음이 천근만근인데 거기에 쌀과 김치까지 올리자 그야말로 엎친 데 덮친 격이었습니다. 그 이후 장터목까지의 산행은 걸어서라기보다는 기어서 가는 수준이었습니다.

등에는 식은땀이 줄줄 흘러내렸지만 힘들게 도착한 장터목산장은 한여름이라는 말이 무색할 정도로 냉기가 감돌았습니다. 산장 주변에는 이미 많은 사람들이 여기저기 텐트를 치고 있었고, 따뜻한 라면이라도 끓여 먹으려는 사람들이 얼마 나오지 않는 약수를 받으려고 한밤에 긴 줄을 서고 있었습니다. 결국 힘들게 들고 간 쌀은 지리산 약수를 만나기도 전에 다시 배낭으로 들어가야만 했고, 지리산의 높은 해발에 기가 눌린 버너는 화력을 상실해 미지근한 물로 배를 채워야만 했습니다. 우리는 밀려오는 피로감에 식기류를 그냥 덮어두고 텐트로 기어들었습니다. 텐트는 바닥의 냉기를 그대로 전달했고, 우리는 가져간 옷가지로 온몸을 칭칭 동여매고 쪽잠을 달래야만 했습니다. 텐트 밖에서 맹렬하게 불어오는 산장 주변의 바람소리가 나무라도 집어삼킬 것 같은데 우리는 새벽에 맞이할 천왕봉 일출을 위해 무거운 눈을 감으며 깊은 생각 속으로 빨려 들어갔습니다.

야간 등반을 시작했던 처음엔 백무동 야영장에서 외친 구호처럼 '독수리 날개 치듯이' 지리산을 뛰어오를 것만 같았습니다. 하지만 장터목까지 오는 길은 산행이 아니라 그야말로 고난의 행군이었습니다. 차가운 텐트에 누워 있는 내 마음은 이 야간등반이 후회스럽기까지 했습니다. 젊은 패기로 한 번쯤은 지리산 천왕봉 완주를 해야겠다는 굳은 마음을 가졌었는데 지금은 빨리 장터목을 벗어나 따뜻한 집으로 돌아가고 싶은 마음뿐이었습니다. 잠이 든 건지 꿈을 꾼 건지 여러 가지 생각에 잠겨 있는데 텐트 밖에서 달그락거리는 소리가 들려왔습니다. 새벽 4시, 다시 천왕봉에 올라야 할 시간이 된 것이었습니다. 짧은 시간 지리산 바닥과 씨름을 해서 그런지 온몸이 매로 두들겨 맞은 것처럼 굳어 있어 새벽등반은 더 없이 괴로웠습니다. 그래도 여기까지 왔는데 천왕봉 일출을 놓칠세라 앞사람과 뒷사람으로 이어지는 산사람들의 행렬에 내 몸을 맡기고 새벽녘을 쫓아 걷고 또 걸었습니다.

드디어 도착한 지리산 천왕봉에는 벌써 많은 사람들이 먼저 와서 일출을 기다리고 있었습니다. 하늘은 조금씩 밝아오기 시작했고 대부분의 사람들은 일출 장면이 잘 보이는 바위에 자리 잡고 동쪽 방향을 향해 카메라를 꺼내 사진 찍을 준비를 하고 있었습니다. 일출은 장터목산장 안내 방송에서 예고한 대로 정확하게 5시 30분에 시작되었습니다. 일출이 시작되자 여기저기에서 "아~!" 하는 짧은 탄성이 터져 나오고 저마다 일출 장면을 찍기에 정신이 없었습니다. 해가 떠오르는 순간 동쪽 하늘에 겹겹이 쌓인 구름들은 점점 붉게 물들어갔고, 북쪽 방향에는 구름의 바다 위에 섬처럼 떠 있는 지리산 주변의 봉우리들이 부드러운 담채화에서 화려한 채색화로 바뀌고 있었습니다. 어느 누구도 눈앞에 펼쳐지는 이 경이롭고 생명력 넘치는 자연의 움직임에 감탄하지 않을 수 없었습니다. 누가 뭐라 할 것도 없이 한여름에 독수리훈련에 참여한 우리 동아리 멤버들은 한곳에 모여 서로를 격려하고 그날의 감동을 카메라에 담으며 '독수리 날개 치듯이'라는 구호를 연신 외쳐댔습니다.

그러자 신기한 일이 벌어졌습니다. 지리산 정상의 새벽 여명은 모든 것을 바꾸어 놓았습니다. 밤새 우리를 괴롭혔던 칠흑 같은 어둠은 물론이고 어깨를 무겁게 짓누르던 통증까지 저 멀리 서쪽 하늘로 날아가버렸습니다. 정상에서 내려오는 발걸음은 가벼워졌고 앞사람만 겨우 보고 걸어왔던 산행 길은 공기 맑고 물 좋은 산보 길로 바뀌기 시작했습니다. 이제 더 이상 지리산 정상이 보이지 않아도 모든 봉우리를 품에 안은 것처럼 지리산이 정겹게 느껴졌습니다. 그날 지리산의 새벽 여명은 밤새 어둠과 피로에 사투를 벌인 나에게 세상을 성찰하는 경험적 눈이 되었습니다.

수업이 살아 있는 교육과정을 운영하기 위해 밤새 고민한 적이 있습니다. 보여주기식 교육과정이 아니라 실제 학교 형편에 잘 맞고 교사와 학생 모두가 실천할 수 있는 교육과정을 만들기 위해 고민을 거듭했습니다. 고민은 오랫동안 지속되었고 창의적인 교육과정은 학교에 새바람을 일으킬 것만 같았습니다. 하지만 그런 완벽한 교육과정은 교육공동체 모두에게 동일하게 적용되는 것은 아니었습니다. 그것은 교육과정이라는 높은 산을 등반하는 교육구성원의 발걸음이 모두 하나같지 않았기 때문입니다. 어떤 이들은 이제 백무동 계곡을 지나 등산로 입구에서 정상을 향한 의지를 다지고 있습니다. 이들은 아직 교육과정의 정상을 눈에 그리지 못하는 상태입니다. 다만 뭔가 멋지고 화려한 교육과정을 등반한다는 기쁨에 사로잡혀 있을 뿐입니다. 또 어떤 이들은 칠흑같이 어두운 비탈길을 지나 장터목산장의 텐트에 겨우 무거운 몸을 눕힌 상태입니다. 이들은 교사 개인에게 쏟아지는 업무과중으로 인해 학급운영까지 버거운 상황이라 교육과정의 재구성이란 것 자체가 또 다른 업무로 느껴지는 상태입니다. 그리고 마지막으로 어떤 이들은 새벽 산행을 걸어 저 멀리 동쪽 하늘에서 밝게 올라오는 일출을 바라보며 감탄하고 있습니다. 이들에게 새벽 여명은 지금까지 자신이 걸어온 교육의 길을 다시 되돌아보는 수업성찰이 시작되는 순간입니다.

아이러니하게도 창의적이고 완벽한 교육과정이라는 타이틀을 달수록 각양각색인 교육구성원을 하나로 묶으려는 속성이 강해집니다. 교육과정의 재구성을 통해 교사 개인의 수업성장을 꾀한다면 교사 개개인이 교육이라는 거대한 지리산 산행을 어디쯤 하고 있는지 살펴보아야 합니다. 또 아직 내가 속해 있는 교육공동체가 지리산 정상의 생명력 있는 여명을 보지 못한 상태라면 어떨까요? 그 교육공동체를 위해 정상을 보기 위한 선발대가 필요합니다. 한없이 버거운 짐들로 인해 짓눌려 있는 교육구성원 개개인에게 손을 맞잡고 일으켜줄 경험자가 필요합니다. 먼저 수업을 성찰하고 교육과정의 재구성을 시도하며 부딪치고 깨치고 나갈 용기 있는 위대한 교사가 필요한 이유입니다. 지금이 바로 이 험난해 보이는 교육이라는 야간등반을 어디쯤 지나고 있는지 성찰해야 할 때입니다.

수업매너리즘을 극복하는 최고의 무기, 수업메모에 있다

수업메모는 수업에 대한 교사의 깊이 있는 수업성찰을 이끌어줍니다.

매일 새로운 수업을 준비해야 하는 바쁜 교사들의 일상에서 수업을 빨리 준비하고 계획할 수 있는 간단하면서도 효과적인 방법이 있습니다. 바로 '수업메모'입니다. 어쩌면 상당수 교사들이 매일 교단에 오르기 전 수업을 준비하면서 일상적으로 반복하는 일일 것입니다. 수업메모 방법은 교사들마다 각양각색입니다. 어떤 교사는 지도서를 펼쳐 놓고 단원의 개관부터 차시별 지도 시 주의할 점까지 꼼꼼히 밑줄을 그으며 메모를 합니다. 또 어떤 교사는 지도서보다 조금 더 가벼운 교과서에 실제 가르칠 내용만 골라 메모를 합니다. 그런가 하면 아예 학습개요를 자유롭게 적을 수 있는 공책을 준비해 수업의 시작부터 끝까지 꼼꼼하게 글로 적어 놓는 교사도 있습니다. 그리고 손 글씨보다 컴퓨터 타이핑이 더 빠른 교사들은 연중 수업계획을 듬성듬성 기록해두었다가 틈틈이 시간을 내어 정리하기도 합니다. 최근 신규교사들은 스마트폰 안에 수업 스케줄표를 작성해 놓고 자신이 수업시간에 진행할 자료들을 메모하기도 합니다. 다양한 수업메모 방법은 신속성과 창의성 면에서 교사가 수업의 계획을 세우는 데 매우 효과적이라고 할 수 있습니다.

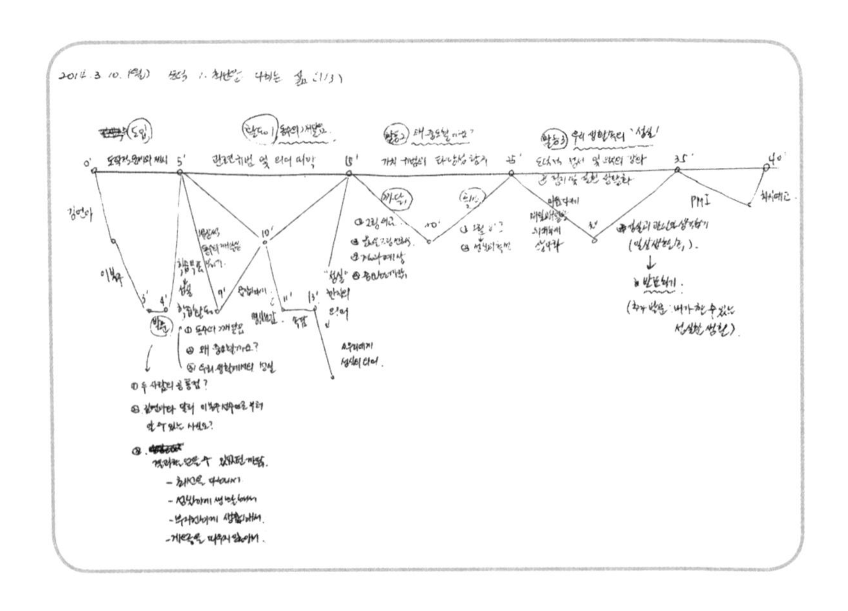

그런데 이렇게 효과적인 수업메모 방법이 경직되는 순간이 있습니다. 바로 공개수업을 앞둘 때입니다. 공개수업이 진행되면 참관하는 교사들은 의례적으로 교과서 대신 교수·학습과정안을 찾습니다. 즉 공개수업을 준비한 수업자가 교과서를 어떻게 재구성했는지 교수·학습과정안으로 확인하겠다는 교사들의 암묵적 약속이 있는 셈입니다. 그러다 보니 일부 교사들의 경우 보다 화려한 교수·학습과정안을 만들어 제공하려는 욕망에 사로잡히기도 합니다. 물론 보다 나은 수업을 완성하려는 교사들의 선한 욕망일 것입니다. 그러나 교수·학습과정안 제작 과정 자체

가 일상적일 수 없다는 것을 감안하면 오히려 평소처럼 수업메모를 통해 지속적으로 수업을 성찰하는 과정이 더 효과적이면서 현실적일 수 있습니다.

이는 지금까지 학교에서 전통적으로 작성하던 교수·학습과정안 자체를 부정하자는 것이 아닙니다. 오히려 더 좋은 교수·학습과정안이 작성될 수 있도록 수업연구의 장을 만들어가는 것이 필요합니다. 다만 공개수업을 준비하는 수업자가 교수·학습과정안을 작성하기 시작하면서 교사의 평상시 수업연구 패턴을 놓치는 것이 안타깝다는 얘기입니다. 이 문제는 수업자가 수업을 통한 상호작용의 주 대상인 학생이 아니라 공개수업에 참관하는 교사들에게 집중했기 때문에 생긴 일입니다. 공개수업이 교사의 수업성장과 보다 나은 수업을 만들기 위한 과정이라면 수업자가 만드는 교수·학습과정안 역시 교사의 가르침을 받는 학생들에게 집중되어 있어야 합니다. 그럼에도 불구하고 공개수업용 교수·학습과정안이 단순히 참관자들의 편의를 위해서 만들어지고 있는 것은 아닌지 성찰이 필요합니다.

그럼 평상시 수업메모를 통해 자기 수업성찰에 매진하고 있는 한 수업자를 따라가보겠습니다. 이 수업자는 교수·학습과정안에 비해 짧은 시간 안에 수업을 쉽게 구성할 수 있는 수업구조도 그리기를 활용하여 수업메모를 하고 있습니다. 이번 수업은 도덕교과로 수업의 내용은 성실의 의미와 중요성을 알고 성실한 생활을 하기 위해 꾸준히 노력하는 자세를 기르자는 것이었습니다. 수업자가 활용한 소재는 학생들이 익히 알고 있는 김연아와 이봉주 이야기로 수업성찰에서 학생들의 관심을 끌기에 적절한 소재였습니다. 그러나 수업자는 수업 후 성찰에서 수업에 대한 전체적인 느낌을 다음과 같이 기록했습니다.

"마음으로 느껴야 하는 것을 억지로 글과 말로 주입시키는 것 같아 가르치는 내내 마음이 불편했다. 마치 맞지 않는 옷을 억지로 입고 있는 듯한 느낌이었다. 이런 느낌은 가치 규범의 타당성 탐구에 해당하는 활동 2에서 정점에 달했다. 학생들이 적극적으로 다가왔던 건 학기 초라는 시간적 이점 때문일 것이라는 생각이 든다."

이러한 수업메모와 수업성찰은 교사 스스로 자신의 수업을 보다 깊이 있게 분석하는 계기를 마련해줍니다. 보다 구체적으로 수업자가 수업을 진행하면서 느꼈던 미시적인 관점에서의 느낌을 읽어보면 수업자의 수업 성찰이 얼마나 깊은지 알 수 있습니다.

"김연아와 이봉주는 학생들도 이미 알고 있는 사람이라서 관심을 끌기에 적절한 소재였다. 거의 최정상만을 유지한 김연아와 항상 최고는 아니었던 이봉주 두 사람을 비교하였기에 1등 만능주의에서 다소 벗어나 다가갈 수 있었다. 학습목표와 학습활동을 안내한 후 활동 1에서 교과서에 제시된 이야기를 토대로 성실의 뜻을 알아갔다. 더불어 명심보감과 적절한 속담, 한자어로서 성실의 의미를 되짚으며 깊이 있는 의미를 파악하였다. 명심보감이 아이들에게 얼마나 효과적으로 전달되었는지는 의문이지만 속담은 어느 정도 효과가 있었다. 활동 2에서는 성실의 중요성을 알기 위해 대립되는 두 상황을 제시하고 둘 중 옳은 행위를 선택하도록 했다. 그리고 두 상황의 결과를 예상해봄으로써 학생들이 성실한 생활을 해야겠다는 마음이들도록 하였다. 그러나 이 활동은 학생들에게 다소 이분법적인 사고방식을 심어주거나, 어른들에게 칭찬받기 위해 성실한 행동을 한다는 점이 학생들의 마음속에 더 깊이 자리잡을까봐 조바심이 생기기도 했다. 활동 3에서 성실을 자신의 생활과 연관 지어 생각하도록 했다. PMI는 계획했으나 시간관계상 하지 못하고 차시 예고와 생활의 길잡이 가정학습과제를 제시하면서 수업을 마무리했다. 수업을 성찰해보면 여전히 아직도 도덕수업을 어떻게 효과적으로 할 수 있는지 잘 모르겠다. 각 단원의 1차시는 정말 너무나도 힘든 수업이다. 이러한 나의 생각이 너무 민감한 것인지도 모르겠다."

이처럼 수업메모는 수업에 대한 교사의 깊이 있는 수업성찰을 이끌어 줍니다. 수업자가 현재 고민하고 있는 각 단원의 1차시 수업에 대한 문제가 당장 해결되지는 않았더라도 이러한 수업성찰이 수업자의 건전한 수업성장을 돕고 있는 것은 분명합니다. 이 수업자는 언젠가 각 단원의 1차시 수업을 멋지게 구성해낼 것입니다. 왜냐하면 도입차시에 대한 수업성찰이 이미 시작되었고 그 성찰은 수업의 작은 변화들을 만들 것이 분명하기 때문입니다. 사실 수업을 메모하는 교사들의 간단한 노력이 위대한 수업성장으로 연결된다는 것 자체는 놀랄 일이 아닙니다. 누구나 가끔 일상생활 속에서의 작은 성찰이 위대한 기적으로 연결되는 경험을 하며 살아갑니다. 다만 얼마나 민감하게 이 수업메모와 수업성찰의 연결과정을 볼 수 있느냐의 차이가 있을 뿐입니다.

생각을 여는 수업성찰, 지혜를 나누는 협력수업 두 마리 토끼를 잡아라

공동체 구성원들이 주도적으로 협력할 때 해결의 열쇠를 얻을 수 있습니다.

어느 학교에서 학교교육에 대한 학부모의 인식 개선과 교사들의 자존감을 회복시키고 싶었습니다. 학교문화에 뿌리 내려 있는 문제 자체를 그대로 바라보려는 용기 있는 성찰이 시작된 것입니다. 짧은 성찰 결과 교사들에 대한 학부모의 신뢰는 매우 낮았고 교사들조차 교사로서의 자존감을 상실한 상태였습니다. 학교공동체는 오랜 관행으로 자리 잡혀 있는 이러한 학교문화의 문제들을 근본적으로 해결하기 위해 퍼실리테이터(Facilitator)를 초청하기로 했습니다. 퍼실리테이터는 집단의 문제해결능력을 키워주고 조절함으로써 공동체 스스로 비전을 세워 문제를 해결하도록 교육훈련 프로그램을 실행하며 조정해주는 역할을 합니다. 퍼실리테이터가 학교 현장에 가장 많이 활용하는 교육훈련 프로그램은 바로 액션러닝(Action Learning)[1]입니다. 액션러닝은 공동체가 당면한 과제를 구성원 모두가 협력하여 해결해 나가면서 스스로 성찰할 수 있도록 도와줍니다.

초청받은 퍼실리테이터는 이 학교의 근본적인 문제를 해결하기 위해 액션러닝 기법 중 MASA 프로그램을 적용했습니다.[2] MASA는 공동체가 협력하여 성찰함으로써 과제관리역량(Management), 원인분석역량(Analysis), 문제해결역량(Solution), 실행평가역량(Action)을 키우도록 지원해주는 프로그램입니다. 이러한 액션러닝을 활용한 공동체의 성찰활동은 구성원의 창의적인 의사결정을 돕고 활발한 상호작용으로 참여도와 만족도를 높여주었습니다. 또한 퍼실리테이터는 활발한 액션러닝을 위해 각 팀의 액션리더(Action Leader)를 뽑고 팀 이름과 팀 구호 등을 적어 팀 구성원들의 특징을 찾고, 약속 정하기 등 팀 세우기 활동을 하도록 이끌어주었습니다. 이러한 팀 빌딩(Team Building) 활동은 누구나 쉽게 접근할 수 있는 아이스 브레이킹(Ice Breaking)[3]으로 분위기를 조성하였으며, 각 팀별로 앞에 나와 발표할 수 있도록 기회를 주어 더 활발히 참여하도록 독려하였습니다.

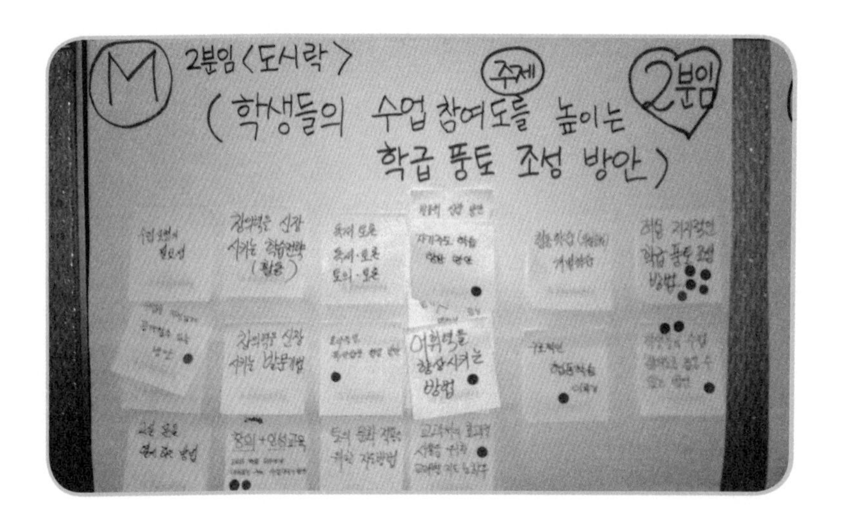

과제관리역량(Management)

먼저 과제관리역량을 위한 협력성찰과정은 3단계로 나누어 진행되었습니다.

1단계는 브레인스토밍(Brain storming)으로 과제를 탐색하기 위해 우리 학교문화에 대해 떠오르는 생각을 자유롭게 이야기하는 시간을 가졌습니다.

2단계는 과제 선정하기로 앞에서 이야기 나누었던 학교문화 탐색자료 중 액션러닝의 과제로 삼을 만한 주제를 간단한 투표를 통해 결정했습니다. 이때 포스트잇과 스티커 등을 활용하여 팀별로 자유로운 분위기 속에서 선정하는 것이 좋습니다.

3단계는 과제 명료화로 액션러닝에서는 PEST 기법을 주로 활용하였습니다. PEST 기법이란 선정된 과제의 정치성(Politics), 경제성(Economy), 사회성(Social), 기술성(Technological)을 점검해보는 활동을 말합니다. 즉, 팀에서 선정한 과제인 '교사의 자존감 향상 방안' 등을 PEST 기법에 맞춰 각자가 생각한 내용을 포스트잇에 적어보고 팀에서 해결해야 할 과제를 보다 명료화하여 적도록 하는 것입니다.

원인분석역량(Analysis)

이제 과제가 명료화되었다면 현 상태의 문제들이 발생하는 근본적인 원인을 다양한 측면에서 찾아내는 협력성찰과정으로 원인분석역량에 집중합니다.

1단계는 원인 탐색하기로 인과관계 다이어그램 또는 마인드맵을 그려

탐색하는 활동입니다. 즉 팀에서 선정한 과제인 '교사의 자존감 향상 방안'과 관련하여 우리 학교문화 중 문제의 원인이라고 생각되는 것들을 모두 탐색하여 기록합니다.

2단계는 원인 분석하기로 5-WHY 기법을 통해 앞에서 기록한 원인들에 대한 다섯 가지 근본적인 질문을 던져보는 활동입니다.

마지막 3단계는 요인 분류하기로 로직트리(Logic Tree)와 MECE 기법[4]을 통해 혼돈상태에 있는 문제와 원인들을 정리하여 보다 포괄적인 시각으로 해결점을 명확하게 하는 활동입니다. 이런 활동을 통해 학교공동체는 문제가 되는 학교문화의 근본적인 원인을 크게 배려와 존중이 부족한 지역사회의 분위기와 권위주의가 강조된 학교문화 그리고 피해의식에 젖어 있는 교사공동체로 분류하였습니다.

문제해결역량(Solution)

근본적인 원인이 분석되었다면 문제 원인에 따른 해결 및 대안을 제시하는 문제해결역량의 협력성찰과정을 밟습니다.

1단계는 해결안 탐색하기로 Case 기법을 활용하여 문제에 대한 좋은(Good) 사례 또는 나쁜(Bad) 사례를 소개하는 활동을 합니다. 이때 소개를 듣는 팀원들은 사례에 대한 성공요인이나 장애요인을 키워드(Key word)로 기록하며 성찰하도록 합니다.

2단계는 해결안 선정하기로 의사결정 그리드(DG)[5] 또는 한 사람이 복수의 스티커를 붙여 결정하는 복수투표(Multi-voting) 방법으로 결정하는 활동을 합니다.

3단계는 해결안 검증하기로 2단계에서 선정된 해결안을 스캠퍼(SCAMPER) 기법[6]으로 검증하는 활동을 합니다. 예를 들어, 권위주의를 타파하기 위한 해결안으로 선정된 학교장의 아침인사운동을 스캠퍼 기법으로 아침교통안전 캠페인과 결합하기로 하였습니다.

실행평가역량(Action)

마지막으로 실행평가역량을 위한 협력성찰과정은 학교 현장에 적용하기 위한 실행계획과 피드백을 통해 평가하는 활동입니다.

1단계는 해결방안을 적용하기 위한 실행계획 세우기로 최종안으로 선정된 추진 과제를 세분화하여 담당자와 완료일 등을 액션플랜(Action Plan)화합니다. 구체적으로 피해의식에 젖어 있는 교사공동체의 문제해결을 위한 '선생님은 우리 교육의 희망입니다!' 프로젝트를 실천하는 액션플랜을 마련하였습니다. 액션플랜은 해결 아이디어, 구체적으로 해야 할 일, 실천의 방법, 담당자와 부서의 역할, 프로젝트의 실천시기, 예산 및 기타 필요사항 등을 꼼꼼하게 기록합니다.

2단계는 평가 및 환류로 실행과제에 대한 마지막 팀 차원의 성찰 활동입니다. 예를 들어 학교공동체는 따뜻한 지역사회 만들기 프로젝트를 위해 독거노인 돕기 활동을 진행하면서 제거(Eliminate)해야 할 행동, 감소(Reduce)시켜야 할 행동, 증가(Raise)시켜야 할 행동, 창조(Create)해야 할 행동이 무엇이 있을지 성찰해보았습니다.

퍼실리테이터는 공동체가 이러한 액션러닝을 통해 협력성찰의 과정을 진지하게 밟아갈 수 있도록 조력하는 역할만 하면 됩니다. 공동체가 안고 있는 근본적인 문제들에 대한 성찰부터 실행까지 공동체의 구성원들이 주도적으로 협력하도록 이끌어줄 때 그 해결의 열쇠를 얻을 수 있을 것입니다.

[1] 액션러닝(Action Learning)이란 학습자들이 팀을 구성하여 각자 자신의 과제 또는 팀 전체의 공동과제를 퍼실리테이터(Facilitator)와 함께 정해진 시점까지 해결하는 동시에 지식습득과 질문 그리고 성찰을 통하여 과제의 내용 측면과 과제해결과정을 학습하는 일련의 프로세스를 말한다.

[2] 여기에서 MASA 프로그램은 ≪모든 교사는 컨설턴트≫(성기옥 공저, 교육과학사)의 MASA 액션러닝을 활용한 컨설턴트 되기를 인용했다.

[3] 아이스 브레이킹(Ice Breaking)은 새로 형성된 팀이 어색함을 떨쳐버리고 한 팀으로서의 감정을 형성하는 활동 방법이다.

[4] MECE(Mutually Exclusive, Collectively Exhaustive)는 맥킨지가 개발한 문제해결 기법으로 서로 중복되지 않도록 찾아내고 찾아낸 것들을 다 합치면 누락된 부분이 없이 전체를 수용해야 한다는 의미를 내포하고 있다. 즉, 특정 사안을 분석할 때 몇 개의 핵심요소를 분해하고 각각의 핵심요소를 또 다시 분해하는 과정을 반복할 때 분해된 항목에 중복과 누락이 없고, 분해된 항목의 합이 전체의 부분집합이 되도록 고려하고 분석하는 사고기법을 말한다.

[5] 의사결정 그리드(DG: Decision Grid)는 중요도와 실행용이성을 기준으로 결정한다. 이때 중요도는 우선적으로 해결하여야 할 긴급한 사항, 기대요구가 큰 것, 만족도가 높은 것을 중점으로 수준을 결정하고, 실행용이성은 안전하고 교육적인 것, 예산확보가 용이한 것, 여건과 환경에 맞는 것을 중점으로 수준을 결정한다.

[6] 스캠퍼(SCAMPER)는 대치하기(Substitute), 결합하기(Combine), 적용하기(Adapt), 수정-확대-축소하기(Modify-magnify-minify), 다른 용도로 사용하기(Put to other use), 제거하기(Eliminate), 재배치하기(Rearrange-reverse) 단계에 따라 기존의 것을 개선하거나 새로운 것을 만들어내는 데 유용한 아이디어 촉진 기법이다.

06 '유레카!' 당신의 수업이 바뀐다

깊이 있는 수업성찰은 불현듯 직관과 통찰로 변해 문제해결을 이끌어줍니다.

창의적인 사람들은 갑자기 창의적 아이디어가 떠오를 때가 많다고 합니다. 목욕을 하다가, 점심을 먹고 햇볕이 쨍쨍한 오후에 낮잠을 자다가, 또는 벤치에 앉아서 휴식을 취하다가도 아이디어를 얻는다고 합니다. 바로 유레카를 얻는 순간입니다. 창의적 사고모형으로 유명한 월러스(Graham Wallas)는 창의적인 문제해결의 과정을 준비기, 부화기, 발현기, 검증기의 과정으로 설명합니다. 그렇다면 이 과정을 수업성찰의 유레카에도 적용할 수 있을까요? 이 유레카의 가능여부를 알아보기 위해 왕관이 순금인지 아닌지를 해결했던 그리스 시대 아르키메데스의 이야기를 예로 들어보겠습니다.

수업성찰의 준비기

먼저 수업성찰의 준비기는 관련된 정보를 수집하고 연구하여 다양한 관점에서 문제를 검토하는 단계입니다. 즉, 문제에 대한 여러 가지 제안에 자연스럽게 마음을 열어 놓는 단계입니다. 아르키메데스는 다양한 방법을 동원하여 왕관이 순금인지 알아보는 과제에 대한 고민을 시작했습니다. 수업성찰의 유레카를 경험하기 위해서는 먼저 수업에 대한 진지한 고민에서부터 출발해야 합니다. 이 시기에 얼마나 풍부하고 자세하게 수업 고민에 대한 자료를 수집하느냐에 따라 이후 창의적인 아이디어의 질이 좌우됩니다. 결국 수업성찰의 유레카는 갑자기 튀어나오는 것이 아니라 충분한 기초조사를 바탕으로 만들어진다고 할 수 있습니다.

어느 초등학교에서 학생 수의 급격한 변화로 한 학급이 줄어 학기가 시작된 지 한 달여 만에 부득이하게 동학년의 반편성을 다시 하게 되었습니다. 상당수 아이들이 새로운 선생님과 친구들을 만났고 학급분위기는 새 학년이 시작된 것처럼 다시 설레었습니다. 그러나 이전반 담임선생님을 그리워하는 일부 아이들이 새로운 담임선생님에게 이전반 담임선생님처럼 재미있는 수업을 요구했습니다. 아이들 입장에서는 이전반 담임선생님과 새로운 담임선생님이 비교된 것입니다. 새로운 담임선생님은 고민이 되었습니다. '아이들에게 어떻게 수업을 지도하면 재미있는 수업이라는 이야기를 들을 수 있을까? 과연 내가 하고 있는 수업방식에 만족하는 있는 아이들은 몇 명이나 될까?' 담임선생님은 우선 기초조사부터 실시하기로 했습니다. 아이들이 기대하는 수업의 실체는 과연 무엇일지 학생 개개인을 면담하며 그 속이야기를 들어보기로 하였습니다. 아마 아르키메데스의 준비기도 이런 고민들로 가득 차 있었을 것입니다.

수업성찰의 부화기

다음 수업성찰의 부화기는 문제해결을 준비하는 과정입니다. 이때 문제해결의 진전이 이루어지지 않는다면 문제를 잠시 옆으로 비켜 놓고 바라보는 것이 필요합니다. 해결책이 떠오를 때까지 짧게는 몇 분에서 경우에 따라 몇 달, 몇 년이 걸릴 수도 있습니다. 다양한 제안들에 대한 해결책이 시간 간격을 두고 떠오를 수도 있습니다. 아르키메데스 역시 문제를 풀지 못하자 머리를 식히기 위해 목욕탕으로 갔습니다. 목욕을 하며 문제를 또 다른 측면에서 바라보고 성찰하는 부화기간이 필요했던 것입니다. 이렇게 창의적인 인물들은 번뜩이는 아이디어를 내놓기 전에 잠깐의 휴식을 취하곤 합니다. 성찰의 부화기란 암탉이 알을 낳아서 병아리로 깨어날 때까지 23일의 시간이 필요하듯 겉으로 보기에는 아무런 변화가 없지만 사실 내부에서는 엄청난 변화를 겪고 있는 과정을 의미합니다.

수업성찰의 사고 과정도 이와 같습니다. 수업에 있어 문제가 해결되지 않을 때의 휴식은 매우 중요합니다. 특히 교사가 바쁠수록 좋은 수업을 만드는 다양한 요인들을 놓치는 경우가 많습니다. 짧은 휴식을 통해 교사에게 잠재되어 있던 무의식이 작동하게 되고, 평상시에는 생각할 수 없던 새롭고 창의적인 아이디어들이 나타날 수 있습니다. 다만 무계획적인 쉼보다 초점이 살아 있는 휴식을 취하는 것이 중요합니다. 자연의 모습을 보면 완전변태를 하는 곤충들은 반드시 애벌레의 몸에서 어른벌레의 몸이 되는 번데기 과정을 거칩니다. 번데기 상태에서는 아무 것도 먹지 않고 가만히 있는 경우가 대부분입니다. 하지만 애벌레는 이 번데기 상태에서 아무것도 하지 않는 것이 결코 아닙니다. 다른 천적으로부터 자신을 보호하기 위해 보호색으로 변하고 번데기 속에서는 성충이 되어 날아오를 멋진 날개를 만들고 있음을 기억해야 합니다.

수업성찰의 발현기

이렇게 초점이 살아 있는 깊이 있는 성찰은 불현듯 직관과 통찰로 변하면서 문제에 대한 해결책을 얻는 단계로 넘어갑니다. 바로 유레카를 경험하는 수업성찰의 발현기 단계입니다. 이때는 자신이 고민했던 모든 것이 한꺼번에 이해되고 전혀 예기치 못한 곳에서 문제가 해결되는 것을 목격할 수 있습니다. 아르키메데스도 욕조에 몸을 담근 후 갑자기 비중의 원리를 깨닫고는 "유레카!(나는 깨달았다!)"라고 외쳤습니다. 이렇게 마치 우연히 창의적인 아이디어를 생각해낸 것처럼 보이지만 사실 모든 유레카에는 그 이전의 준비기와 부화기가 있다는 것을 잊지 말아야 합니다.

학기 초 교육과정을 의미 있게 재구성하여 성찰협력수업을 하려고 고민한 적이 있습니다. 먼저 국어교과의 '비유적 표현' 단원과 도덕교과의 '소중한 나' 단원을 살펴보았습니다. 두 교과의 특성을 살펴볼 때 도덕교과의 내용에 도구교과 역할을 하는 국어교과를 창의적으로 통합하면 되겠다 싶었지만, 뭔가 앙꼬 없는 찐빵같이 핵심 콘텐츠가 빠져 있는 느낌에 찜찜했습니다. 보다 의미 있는 성찰협력수업을 위해 아이들이 주도적으로 참여할 수 있는 뭔가를 찾아야 하는데 며칠을 고민해도 쉽게 해결점이 보이지 않았습니다. 할 수 없이 두 교과서 내용을 다시 한 번 읽어보고 각 교과의 소단원을 펼쳐 놓고 연결해보았지만 역시 2퍼센트가 부족한 느낌은 여전했습니다. 머리가 복잡해져 잠시 수업연구실에서 나와 복도를 걷고 있을 때였습니다. 지나가는 아이와 이런저런 이야기를 나누다가 불현듯 머리를 스쳐 지나는 것이 있었습니다. 유레카!

'고학년 아이들이 새 학년에 올라와 가장 고민하는 것이 바로 진로문제였지?'

성찰협력수업으로 소중한 나를 발견하고 참다운 꿈을 위해 친구들과 협력할 수 있는 길을 열어주어야겠다는 생각이 드는 순간이었습니다.

수업성찰의 검증기

마지막으로 수업성찰의 검증기 단계는 떠오른 해법을 검증하는 시기를 말합니다. 직관적으로 얻은 아이디어가 옳은지 아닌지 그 타당성을 검증하여 수업에 바로 적용할 수 있는지 살펴보아야 합니다. 해법에 대한 검증 결과에 따라 수업성찰의 유레카에서 얻은 아이디어가 완전하게 정착될 수도 있고 보충이 필요한 불완전한 아이디어가 될 수도 있습니다. 검증기 단계에서는 아이디어를 객관적으로 타당화해야 하므로 논리적, 과학적 사고가 필요합니다. 아르키메데스도 저울대를 이용하여 그 결과를 정리해 나갔습니다. 이 시기의 수업성찰 아이디어는 아이디어의 연상으로 끝나는 것이 아닙니다. 실제로 그 효과를 검증하는 시간을 갖는 것이 중요합니다. 따라서 검증의 완벽성을 위한 논리적이고 과학적인 사고의 연습을 해야 합니다. 아르키메데스처럼 물속에서 저울대에 왕관과 같은 분량의 순금덩어리를 달아보고 저울이 어느 쪽으로 기우는지 직접 눈으로 관찰할 필요가 있다는 말입니다.

한 학년협의회에서 사회시간에 세계의 자연환경과 인문환경을 알아보는 내용이 대륙별로 반복되고 있어 사회교과의 차시별 재구성이 필요하다고 성찰하였습니다. 우선 육지가 넓고 인구가 많은 북반구와 바다가 넓고 자원이 풍부한 남반구를 각각 3차시로 나누었습니다. 그리고 총 6차시에 걸쳐 모둠별로 대륙별 여행상품을 만들어 친구들에게 소개하는 성찰협력수업으로 구성하였습니다. 학습의 주요활동의 단계는 여행상품 계획세우기, 여행상품 만들기, 여행상품 홍보하기 그리고 우수상품 선정을 하며 정리하기로 계획하였습니다. 수업의 아이디어는 훌륭했고 학습의 단계는 촘촘히 세워져 모두들 성찰협력의 위대함에 박수를 보냈습니다. 우리는 성찰협력수업에 대한 모두의 기대를 안고 첫 학급부터 수업을 실행하였습니다. 하지만 결과는 우리의 생각과 완전히 달랐습니다. 아이들은 학습의 첫 번째 단계인 여행상품 계획 세우기조차 제 시간에 마무리하지 못하는 것이었습니다. 수업성찰의 검증기가 얼마나 중요한지를 모두 실감한 순간이었습니다. 아무리 계획이 철저했더라도 아이들이 수업에 실제로 어떻게 참여할지에 대한 정확한 검증이 이루어지지 않는다면 예기치 못한 상황에 직면할 수밖에 없습니다. 그 이후 사회교과 성찰협력수업을 진행하는 두 번째 학급에서는 처음 실수를 반복하지 않기 위해 사전과제와 여행상품 따라하기 학습지를 추가 적용하였습니다. 놀라운 건 검증의 완벽성을 위한 이 아주 간단한 장치가 위대한 성찰협력수업을 만들어낸다는 사실이었습니다. 수업계획에 대한 검증은 수업성찰의 유레카를 빛나게 하는 아주 중요한 단계입니다.

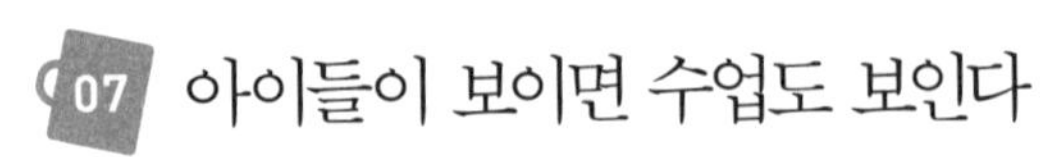

07 아이들이 보이면 수업도 보인다

교실 안에 얽혀 있는 아이들과 교사의 학습유형을 성찰해야 합니다.

어느 학급을 맡고 계신 한 담임선생님이 질문을 합니다.

"칭찬에도 역효과가 있다고 들었어요. 스티커 보상제도가 무조건 좋지는 않더라구요. 수업시간에 아이들에게 활용할 수 있는 칭찬방법으로 좋은 것이 없을까요?"

수업을 하다 보면 아이들에게 적절하게 보상을 해주어야 할 때가 있습니다. 하지만 스티커 보상제도가 모든 아이들에게 동일한 만족을 주는 것은 아닙니다. 왜 그럴까요? 그것은 아이들의 학습유형[1]이 제각각 다르기 때문입니다.

규범형 아이들

스티커 보상제도에 성실하고 의무적으로 참여하는 규범형 아이들이 있습니다. 이 아이들은 책임감이 강하기 때문에 계획적이고 규칙적인 스티커 보상을 선호합니다. 규범형 아이들은 교사로부터 인정받기를 원하기 때문에 항상 내일을 준비합니다. 또한 남에게 뭔가를 제공하고 봉사하며 보살피는 것을 의무와 책임으로 여기는 경향이 있습니다. 규범형 아이들에게 스티커 보상제도를 수업시간에 활용하면 수업이 물 흐르듯 원활하게 진행되기도 합니다. 그러나 규범형 아이들은 굳이 스티커 보상제도가 아니더라도 교사가 일관성 있고 신뢰할 수 있는 사람이기만 하면 매우 모범적으로 수업에 참여합니다. 따라서 규범형 아이들에게는 칭찬 한 번을 하더라도 칭찬받는 이유를 논리적으로 명확하게 설명하여 믿음을 심어주는 것이 매우 중요합니다.

이상형 아이들

그런가 하면 스티커 보상제도를 그저 차분히 따라오는 아이들도 있습니다. 이 아이들은 사실 스티커 보상제도 자체보다 선생님이 원하는 '훌륭한 사람'이 되기 위해 노력합니다. 대체로 감정이입을 잘하고 표현이 풍부한 이상형 아이들이 이런 성향을 가지고 있습니다. 이상형 아이들은 스티커 보상제도를 통해 선생님의 인격적인 칭찬을 바라는 경우가 많습니다. 때로는 스티커 보상제도가 과열되어 친구와의 다툼에 휘말리면 지나칠 정도로 민감해져서 신체적인 질병을 일으키기도 합니다. 따라서 이상형 아이들에게 칭찬을 할 때는 물질적인 보상보다 교사가 현재 감정적인 상태를 지지하고 있다는 메시지를 지속적으로 던져주는 것이 더 중요합니다.

탐구형 아이들

어떤 아이들은 스티커 보상제도 자체에 호기심을 갖고 적극적으로 참여합니다. 이 아이들은 지적계발에 관심이 많고 자연의 수수께끼에 대해 끊임없이 의문을 던집니다. 주로 지식의 습득에 대한 갈망이 강한 탐구형 아이들이 이런 성향을 보입니다. 탐구형 아이들은 알고 싶은 것들에 대해 강한 호기심을 가지고 있어 이런 스티커 보상 시스템 자체에 관심을 보이곤 합니다. 그러나 수업을 받을 때에도 호기심에 대한 독립성이 강해 자기만의 관심사에만 빠지는 경우가 있습니다. 만일 스티커 보상제도가 탐구형 아이들의 호기심을 자극하지 못한다면 쉽게 외면할 것입니다. 따라서 탐구형 아이들을 수업에 좀 더 밀접하게 끌어들이려면 아이들의 눈빛을 반짝거리게 할 만한 호기심 거리를 제공해주는 것이 필요합니다. 그것이 스티커 보상제도를 통한 칭찬일 수도 있지만, 장기적으로 보면 지적계발에 관심을 가질 수 있을 만한 창의적인 도전과제 등을 제시하는 것이 더 중요합니다.

행동형 아이들

스티커 보상제도를 아주 좋아하는 아이들이 있습니다. 이 아이들은 짧은 시간 동안 집중력이 매우 뛰어난 아이들로 자신의 행동에 대해 적절한 보상을 해줄 때 만족하는 성향을 가지고 있습니다. 바로 행동형 아이들이죠. 행동형 아이들은 경쟁적이고 모험적이어서 수업시간에 교사가 스티커 보상제도를 적절히 활용하면 집중력이 높아지기도 합니다. 그러나 관습이나 규칙에 얽매이기를 매우 싫어하는 경향이 있기 때문에 스티커 보상제도를 지시나 통제용으로 활용하면 자칫 반발하기도 합니다. 즉 행동형 아이들에게는 스티커 등을 통한 적절한 칭찬으로 아이들이 짧은 시간에 깊게 집중하여 소기의 목적을 달성하도록 지도해 나가는 것이 중요합니다.

이렇게 아이들의 다양한 학습유형에 따라 다르게 접근하는 것이 중요하다는 것을 알아도 실제로 수업에 적용하기엔 어려운 경우가 많습니다. 그 주원인은 사실 아이들이 아니라 교사입니다. 수업을 진행하는 교사 역시 행동형, 규범형, 탐구형, 이상형의 학습유형을 타고 나기 때문입니다.

규범형 선생님

우리나라의 경우 학교에 철두철미하고 꼼꼼한 규범형 선생님들이 많은 편입니다. 보통 규범형 선생님들은 책임감이 강하면서도 성실하고 의무적이기 때문에 수업을 진행할 때에도 규칙과 질서를 강조하는 경향이 두드러집니다. 이 수업을 받는 규범형 아이들은 자신들의 성향과 비슷한 규범형 선생님의 확고함과 공평함에 환호할 것입니다. 그러나 나머지 행동형과 탐구형 그리고 이상형 아이들 모두가 규범형 선생님의 엄격함을 좋아하는 것은 아닙니다. 오히려 이들은 규범형 선생님의 권위에 도전하거나 그 질서정연한 수업방식에 적당히 타협할 확률이 높습니다. 예를 들어 탐구형 아이들의 경우 수업시간에도 자신의 호기심을 표출하여 탐색할 시간을 찾는데, 규범형 선생님의 명쾌한 수업정리가 오히려 호기심 자극을 방해할 수도 있습니다. 또 행동형 아이들은 장시간 책상에 앉아 뭔가에 집중하는 활동을 매우 싫어하는 경향이 있는데, 규범형 선생님의 꼼꼼함에 자칫 반항하거나 반대로 의기소침해질 수도 있습니다. 그나마 이상형 아이들은 선생님과의 인격적인 만남을 원하고 있으므로 겉으로는 규범형 선생님의 완벽한 수업에 순응하지만 선생님이 보다 친근하게 다가오기를 기다리고 있을 것입니다.

이상형 선생님

다음으로 학교에서 많이 만나는 선생님들은 인간 중심적이면서 경쟁보다 조화를 선호하는 이상형 선생님들입니다. 이상형 선생님들은 감정이입을 잘하고 표현이 풍부하기 때문에 수업을 진행할 때에도 인격적인 대화와 관계로 의사소통하려는 경향이 강합니다. 선생님의 성향과 비슷한 이상형 아이들은 이러한 수업을 받으며 진정한 자아실현을 갈망할 것입니다. 그러나 규범형과 행동형 그리고 탐구형 아이들은 이상형 선생님과 맞지 않을 수도 있습니다. 예를 들어 규범형 아이들은 교사와 학생이라는 상하관계가 뚜렷한 수업진행 방식을 선호하는데, 이상형 선생님의 배려가 넘치고 허용적인 수업방식이 불편할 수도 있습니다. 또한 행동형 아이들은 매우 충동적이어서 다소 실수가 많은 편인데, 이상형 선생님의 차분한 수업방식에 오히려 싫증을 느낄 수도 있습니다. 그리고 탐구형 아이들의 경우 호기심이 많아 이상형 선생님의 진솔한 수업에 관심을 갖다가도 자연의 수수께끼로 다시 눈을 돌릴 수도 있습니다. 따라서 수업에 참여하는 아이들의 정의적인 측면까지 고려하려면 교사 스스로 자신의 학습유형을 성찰해야 합니다. 또한 자신이 맡고 있는 학급 아이들의 학습유형을 분석하여 수업에서 긍정적인 상호작용이 얼마나 이루어지고 있는지 되돌아보아야 합니다.

탐구형 선생님

최근에는 지식습득에 대한 갈망이 강한 탐구형 선생님들을 종종 만나기도 합니다. 탐구형 선생님들은 아이들의 관계를 면밀히 분석하여 이해하고 설명하며 수업에 다양한 방법을 적용하려는 경향까지 있습니다. 지적계발에 관심이 많은 탐구형 아이들의 경우에는 이런 선생님을 만나면 학습적으로 많이 진보하기도 합니다. 그러나 이상형과 규범형 그리고 행동형 아이들은 이런 탐구형 선생님이 이해되지 않을 수도 있습니다. 즉 이상형 아이들의 경우 선생님과의 인격적인 관계는 유지하려고 하겠지만 탐구형 선생님의 깊이 있는 수업은 어려워할 수 있습니다. 또 규범형 아이들은 수업에 있어서도 명쾌한 해석을 원하는데, 탐구형 선생님의 끊임없는 발문에 어리둥절할 수도 있습니다. 행동형 아이들은 탐구형 선생님의 독창적인 수업방식을 까다롭다고 생각할 수도 있습니다.

행동형 선생님

마지막으로 직접 체험하는 것을 통해 학습하는 것을 선호하는 행동형 선생님들을 생각해볼 수 있습니다. 행동형 선생님들은 다소 즉흥적인 것에 관심을 두며 수업을 즐겁게 열어가려는 경향이 있습니다. 이런 선생님의 수업방식은 경쟁적이고 모험적인 것을 선호하는 행동형 아이들이라면 매우 좋아할 것입니다. 그러나 탐구형과 이상형 그리고 규범형 아이들은 이런 행동형 선생님을 만나면 뭔가 많은 것을 놓치고 있다고 생각할 수도 있습니다. 특히 탐구형 아이들은 다소 느슨한 행동형 선생님의 수업방식에서 이탈할 우려가 있습니다. 또한 규범형 아이들은 행동형 선생님의 수업방식이 다소 엉뚱하고 소란스럽다고 느낄 수도 있습니다. 그리고 이상형 아이들은 수업시간에 행동형 선생님으로부터 세밀한 보살핌을 받지 못한다고 생각할 수도 있습니다. 이렇게 교사와 학생의 학습유형이 다른 경우 우리가 고려해야 할 사항은 더 많아질 것입니다.

그리고 조화...

물론 교사와 학생의 학습유형이 다르다고 해서 무조건 부정적인 결과만을 초래하는 것은 아닙니다. 행동형 선생님의 독창적이고 자유로운 수업방식은 규범형, 탐구형 그리고 이상형 아이들에게 또 다른 기회를 줄 수 있습니다. 즉, 학생과 학생 간의 상호작용이 활발히 이루어져 배움이 넘치는 수업이 더 활성화되는 경우도 있습니다. 또한 규범형 선생님의 꼼꼼하고 철두철미한 수업방식은 탐구형, 이상형 그리고 행동형 아이들의 기초를 탄탄히 다지게 할 것입니다. 탐구형 선생님의 지속적인 발문이 넘치는 수업방식은 이상형, 행동형 그리고 규범형 아이들의 굳어진 사고를 보다 창의적으로 열어줄 것입니다. 마지막으로 이상형 선생님의 자아실현을 갈망하는 진솔한 수업방식은 행동형, 규범형 그리고 탐구형 아이들의 감성을 자극하여 인격적인 성숙을 이끌어줄 것입니다. 이렇게 각각의 학습유형을 성찰하여 수업에 적용하면 우리가 미처 생각하지 못했던 긍정적인 결과들을 얻어갈 수 있을 것입니다. 수업을 성실하게 준비했는데도 뭔가 해결되지 않는 것이 있다면 이렇게 그 안에 얽혀 있는 아이들과 교사의 학습유형의 문제는 아닌지 성찰해볼 필요가 있습니다.

생각을 여는 수업성찰

※ 지금 나를 돌아보는 시간을 가져보세요. 또는 가장 기억에 남는 글을 적어보세요.

01. 지금 내가 성찰해야 할 것은 무엇인가요?
02. 선생님은 헌신이 먼저인가요? 비전이 우선인가요?
03. 내가 깨고 나가야 할 교육의 어두운 단면은 무엇인가요?
04. 선생님은 주로 어디에 수업메모를 하고 있나요?
05. 교육공동체에서 협력하여 성찰한 경험이 있나요?
06. 수업 중 불현듯 떠오른 직관과 통찰이 있나요?
07. 선생님의 수업유형은 무엇이라고 생각하나요?

지혜를 나누는 협력수업

※ 협력으로 깨울 수 있는 건 무엇일까요? 함께 나누고 싶은 이야기를 적어보세요.

[1] 여기에서 학습유형은 연우심리연구소의 U&I 학습기본유형을 참조하였다.

Special page

성찰협력수업 이야기: 소중한 나, 참다운 꿈

[아이들의 학습유형(행동, 규범, 탐구, 이상)을 알아보자.
학습유형에 따른 나만의 꿈을 성찰해보고 친구들과 협력하여 함께 비전을 세워보자.]

수업재구성의 방향

본 성찰협력수업 통합재구성(국어, 도덕) 단원은 6학년 1학기 국어과 1단원 '비유적 표현'과 도덕과 1단원 '소중한 나'를 통합하여 3차시로 재구성한 단원이다. 교과별 성취기준에 따른 재구성의 방향은 첫째, 자신의 학습유형을 파악한 후 자신과 비유할 대상을 찾아보는 데 있고, 둘째, 자긍심의 의미와 중요성을 인식하고 자신의 학습성격유형에 맞는 꿈을 디자인하는 데 있다.

수업재구성의 의도

이번 성찰협력수업 통합재구성 단원은 '소중한 나, 참다운 꿈'이라는 주제로 국어와 도덕교과를 통합하여 6학년 아이들이 자신의 학습유형을 파악해보고 비유적 표현을 활용하여 시를 지어보고 명함을 만들어보는 활동으로 재구성하였습니다. 그중 2차시(본시)는 전 차시에서 검사한 학습유형을 발표하고 자신과 닮은 캐릭터를 찾아보며 비슷한 유형의 친구들끼리 캐릭터의 공통점을 찾아 발표할 수 있도록 구성해보았습니다. 그래서 본 차시의 수업목표는 학생들 스스로 자신의 학습유형에 맞는 참다운 꿈을 발견해가도록 조력하는 데 있습니다. 이를 위해 본 주제에 걸쳐 아이들에게 2가지 창의과제를 부여하였습니다. 첫째, 자신을 대상으로 하는 비유적 표현을 활용하여 시를 써보도록 하였으며, 둘째, 20년 후 자신의 모습을 떠올리며 미래의 명함을 만들어보도록 하였습니다. 뿐만 아니라 자신의 작품을 학급카페에 올려 공유하고 발표함으로써 자신의 꿈을 구체화하고 자신의 학습유형에 대해 올바른 자긍심을 갖도록 하는 데 주요 목적을 두었습니다.

1차시 성찰협력수업

대상	6학년 아이들	장소	6학년 각 교실	수업자	수석교사 정민수
주제	소중한 나, 참다운 꿈	교과서	국어활동 8~9쪽, 도덕 8쪽		
단원목표	학습유형에 따른 참다운 꿈을 찾을 수 있다.				
차시주제	소중한 나, 너, 우리에 대해 알아보자				
수업흐름	⇨ 생각열기: 회색 오리 이야기를 살펴보며 질문하기(도덕 8쪽) ⇨ 목표확인: 소중한 나, 너, 우리에 대해 알아보자!(도덕 9쪽, 국어활동 8쪽) ⇨ 전개활동 1: 소중한 나의 모습을 살펴보며 학습성격 설문지에 체크하기(설문지) ⇨ 전개활동 2: 자긍심의 의미와 중요성 파악 후 자신의 학습성격 알아보기(도덕 9쪽)				

수업흐름	⇨ 전개활동 3: 자신의 학습성격과 비슷한 친구들을 만나서 공통점 찾기 ⇨ 정리활동: 벚꽃을 어떤 대상에 비유했는지 살펴보며 나에 대해 생각해보기(국어활동 8쪽) ⇨ 협력과제: 자신을 대상으로 비유적 표현을 활용하여 시를 쓴 후 학급카페에 올리기(국어활동 9쪽)

⇨ 생각열기: 회색 오리 이야기를 살펴보며 질문하기(도덕 8쪽)

회색오리 한 마리가 한쪽 구석에 슬픈 표정으로 앉아 있는 삽화를 친구들과 함께 살펴본다. 회색오리는 나는 왜 다른 친구들과 다른지, 왜 다른 친구들보다 못난 건지 걱정이 많다. 친구들과 노랑오리에 끼지 못하는 회색오리의 슬픈 표정을 살펴보고, 자신도 이와 비슷한 경험이 있었는지 발표해보도록 한다.

지원 저도 비슷한 경험이 있어요. 지난번 영어체험센터에 입소했을 때 영어고급반에 들어갔는데, 다른 친구들은 모두 영어를 정말 잘했는데 저는 영어를 그렇게 잘하진 못해서 머뭇거렸던 기억이 나요.

예담 지난 학년 모둠에서 모둠 친구들이 제 말을 이해하지 못했을 때 그런 기분을 느꼈어요. 저는 잘 말한 것 같은데 다른 친구들이 이해하지 못해서 속상했어요.

홍석 저는 성격이 급해서 뭐든지 빨리빨리 하는 버릇이 있어요. 언젠가 미술시간에 친구들과 협동화를 그린 적이 있는데 정말 답답했어요. 다른 친구들은 왜 그렇게 느리게 그리는지 이해할 수 없었어요.

수업성찰 동기유발을 위해 회색오리 이야기로 시작하긴 했지만 아이들의 씁쓸한 경험담이 자연스럽게 이어져 깜짝 놀랐다. 아이들의 이야기가 안데르센의 동화 〈미운오리새끼)와 대비되며 더 깊이 빨려 들어가는 걸 보았는데 그만큼 자존감이 많이 떨어져 있다는 것을 느낄 수 있었고, 새삼 이런 아픈 마음을 극복하고 자신의 소중한 모습을 올바르게 살펴보고 이해하게 하는 게 중요하다는 생각이 들었다.

⇨ **목표확인: 소중한 나, 너, 우리에 대해 알아보자!**(도덕 9쪽, 국어활동 8쪽)

친구들 한 명 한 명이 모두 이 세상에 한 명밖에 없는 특별하고 소중한 존재라는 것을 인지시키고, 다른 친구들의 긍정적인 말풍선을 읽어보며 이 시간에 함께 배울 문제를 확인하고 자신의 공책에 또박또박 쓰도록 한다.

⇨ **전개활동 1: 소중한 나의 모습을 살펴보며 학습성격 설문지에 체크하기**(설문지)

소중한 나, 너, 우리를 위해 자신의 참 모습을 탐색해보는 시간을 갖는다. 이를 위해 미리 준비한 학습유형 성격검사 설문지를 나누어 주고 문항에 맞춰 체크한다. 본 전개활동에서 활용한 설문지는 연우심리연구소에서 개발한 초등학생용 학습유형성격검사지이며, 아이들이 어려워하는 용어들(즉각적, 사색적, 감상적 등)을 쉽게 풀어서 설명해 솔직하게 자신의 모습을 들여다볼 수 있도록 도와준다.

수업성찰 수업 중 설문검사와 설문결과를 한 번에 확인하기 위해 Google Drive와 QR Code App 등을 사용하여 진행하였다. 스마트폰이 없거나 데이터가 부족하여 참여할 수 없는 아이들에게는 교사의 스마트폰을 빌려주었고, 결과 입력을 마무리 한 친구들이 서로 빌려주며 설문결과를 입력할 수 있도록 독려하자 대부분의 친구들이 상호 협력하는 모습을 볼 수 있었다. 아이들 모두 소중한 나의 모습을 살펴보기 위해 설문에 진지하게 참여하였고, 종이설문지에 모두 기록한 친구들은 스마트폰 QR Code APP을 이용해 결과 입력을 해달라고 요청했다. 통합재구성 첫 수업부터 스마트폰을 켤 수 있다는 것에 탄성을 지르는 아이들도 있었다.

⇨ 전개활동 2: 자긍심의 의미와 중요성 파악 후 자신의 학습성격 알아보기 (도덕 9쪽)

아이들의 학습성격을 알려주기 전에 먼저 자긍심의 의미와 중요성을 파악해보도록 한다. 자긍심은 자기 자신을 자랑스럽게 여기는 마음으로, 자신감을 가지고 당당한 자세로 말하고 행동하려는 마음임을 강조한다. 아이들과 함께 도덕 교과서를 보며 자긍심이 높은 친구를 찾아보고 왜 그렇게 생각하는지 발표하며, 학습성격을 파악하는 목적 중 하나가 자긍심을 높이는 데 있음을 강조한다.

수업성찰 일부 학급의 경우 학습성격 설문에 체크하는 전 활동이 오래 걸려서 학습성격을 발표하면서 자긍심 이야기를 병행하여 진행하였다. 아직 학습성격의 14가지 유형의 특징이 무엇인지 모르는 상황이기 때문에 자신에게 맞는 학습성격의 주요 4가지 요인(행동, 규범, 탐구, 이상)에 대해 간략히 확인해주는 정도로 마무리했다.

⇨ **전개활동 3: 자신의 학습성격과 비슷한 친구들을 만나서 공통점 찾기**

아이들의 학습성격을 깊이 있게 살펴보기 전에 자신의 학습성격과 비슷한 친구들을 먼저 만나는 것이 중요하다. 자신이 응답한 설문에 의해 학습성격의 주요 4가지 요인(행동, 규범, 탐구, 이상)이 어떻게 반응하는지 자신의 모습을 살펴보고, 나아가 다른 친구들의 모습을 살펴보면서 자아정체성을 정립해 갈 수 있을 것이다. 아이들은 아직 학습성격의 주요 특징을 모르는 상황이므로 왜 저 친구가 나와 비슷한 학습성격을 가진 것인지 살펴보고 추측하며 학습성격을 놀이화할 수 있게 한다.

수업성찰 비슷한 학습성격 친구들끼리 만나는 자율 모둠활동을 강제적으로 한 것이 아니라 주변 친구들끼리 서로 어떠한 학습성격을 지녔는지 탐색해보는 활동으로 자연스럽게 진행했다. 더욱이 3월이라 서로 모르는 친구들이 많아 자신이 속해 있는 모둠 친구들부터 알아가도록 하는 것이 바람직해 보였다. 학습성격 공통점 찾기 활동은 아이들의 성향에 따라 표현방식이 다양했다. 특히 행동지수가 높은 아이일수록 표현이 과감했고, 이상지수가 높은 아이일수록 비슷한 친구들끼리 조용히 어울리는 모습을 관찰할 수 있었다.

⇨ **정리활동: 벚꽃을 어떤 대상에 비유했는지 살펴보며 나에 대해 생각해보기(국어활동 8쪽)**

마지막 정리활동은 국어활동 책을 보며 벚꽃을 어떤 대상에 빗대어 나타내었는지 살펴보도록 한다. 그 이후 벚꽃 대신 자신을 어떤 대상에 빗대어 나타내면 좋을지 생각해보도록 권유한다. 앞의 전개활동에서 살펴보면 친구들의 학습성격 공통점을 떠올려 스스로 정리해보도록 한다.

⇨ 협력과제: 자신을 대상으로 비유적 표현을 활용하여 시를 쓴 후 학급카페에 올리기(국어활동 9쪽)

오늘 학습한 내용을 정리하며 다음 차시에서 나눌 시 써오기 협력과제를 부여한다. 국어 1단원에 배운 비유적 표현을 생각하며 자신을 대상으로 시를 공책에 직접 지어보도록 한다. 과제가 다소 어려운 친구들을 위해 국어 교과서에 실린 시들 중 하나를 골라 대상이나 비유적 표현 등을 바꾸어 시를 쓸 수 있도록 기회를 열어준다. 더불어 친구들과 함께 시를 감상하고 또 자료의 공유를 위해 학급카페에 올리도록 한다.

2차시 성찰협력수업

대상	6학년 아이들	장소	6학년 각 교실	수업자	수석교사 정민수
주 제	소중한 나, 참다운 꿈	교과서	국어활동 8~9쪽, 도덕 8쪽		
단원목표	학습유형에 따른 참다운 꿈을 찾을 수 있다.				
차시주제	나의 학습성격에 맞는 참다운 꿈을 찾아보자.				
수업흐름	⇨ 생각열기: 물고기와 다람쥐의 성격이 어떻게 다른지 살펴보기(도덕 12쪽) ⇨ 목표확인: 학습유형에 따른 올바른 자긍심을 갖자!(도덕 15쪽, 국어활동 9쪽) ⇨ 전개활동 1: 자신을 대상으로 쓴 비유적 표현을 담은 시 읽어보기(학급카페 과제 활용) ⇨ 전개활동 2: 자신의 학습유형과 비슷한 캐릭터 찾아보기 ⇨ 전개활동 3: 20년 후 친구들의 긍정적인 모습 떠올려보기 ⇨ 정리활동: 4가지 주요 학습유형에 대해 정리하며 올바른 자긍심 갖기 ⇨ 협력과제: 20년 후 자신의 명함 만들기(도덕 30쪽, 활동자료 2)				

⇨ **생각열기: 물고기와 다람쥐의 성격이 어떻게 다른지 살펴보기**(도덕 12쪽)

물고기와 다람쥐가 서로 다른 환경에서 친구의 장점만을 생각하며 서로 부러워하고 있는 삽화를 보여준다. 물고기와 다람쥐 모두 각자 자신의 장점이 있음에도 불구하고 자신에게 없는 친구의 장점만을 부러워하는 모습을 보면서 무슨 생각이 드는지 서로 이야기를 나누도록 한다.

은겸 물고기는 원래 물속에서 생활할 수 있도록 태어난 친구예요. 그래서 물 밖에 있는 다람쥐를 부러워할 필요는 없다고 생각합니다.

연서 다람쥐 역시 물 밖에서 나무를 잘 오르는 재주를 갖고 있기 때문에 굳이 물속에서 잘 돌아다니는 물고기를 부러워할 필요는 없어요.

민권 저는 이 그림을 보면서 우리 엄마가 떠올랐어요. 항상 내 친구와 나를 비교하는 엄마가 싫었어요. 나도 잘 하는 게 있는데...

수업성찰 마지막 민권이의 말처럼 아이들이 누군가와 비교당하는 모습을 매우 싫어한다는 것을 다시 확인했다. 그래서 이번 시간에 친구들의 학습유형을 함께 나눌 때는 서로의 부족한 점을 지적하기보다는 서로의 장점을 발견해주자는 다짐을 하도록 지도하였다.

⇨ **목표확인: 학습유형에 따른 올바른 자긍심을 갖자!**(도덕 15쪽, 국어활동 9쪽)

전 시간에 배운 자긍심의 의미와 가치를 다시 한 번 떠올려보고 자긍심을 높이는 데 중요하다고 생각하는 단어 세 가지를 생각해보도록 한다. 자신이 생각한 단어들이 오늘 살펴볼 학습유형 결과에 긍정적인 영향을 주도록 올바른 자긍심에 주의를 기울여본다. 그리고 친구들과 함께 '올바른 자긍심을 갖자!'라는 문제를 함께 읽으며 공부할 분위기를 형성하도록 한다.

⇨ **전개활동 1: 자신을 대상으로 쓴 비유적 표현을 담은 시 읽어보기**(학급카페 과제 활용)

지난 시간에 내준 자신을 대상으로 비유하여 쓴 시 과제를 꺼내 확인하고 자신 있는 친구들부터 발표할 수 있도록 한다. 학급에 따라 시 과제 발표가 다양하게 이루어질 수 있다. 아이들이 자신을 시로 비유하여 쓴 예시 자료의 일부내용을 살펴보자.

나의 성격

정채연

나는
이런 사람이다.

때론 앵무새처럼
말하기도 좋아한다.

때론 콜라처럼
한 톡 쏘기도 하지.

또, 책처럼 펼치고
또 펼치면 또 다른
내가 나오기 마련이고

그렇게
풀처럼 베이고
또 베이면 새로운 사람이
되니까

이게 나의
성격이다.

나

황동휘

나는 지우개처럼 친구들의
잘못을 말끔히 잊어준다.
쓱싹쓱싹 오늘도 지워준다.

나는 연필처럼 친구들의
웃음을 방긋 그려준다.
사각사각 오늘도 그려준다.

나는 자물쇠처럼 친구들의
비밀을 지켜준다.
철컹철컹 오늘도 지켜준다.

나는 가방처럼 모두를
친구로 받아준다.

나는 이처럼 모두의
헬퍼이다.

오늘도 난 친구들을
도와준다.

나를 주제로 시를 쓰는 것이 쑥스러운 친구들이 많다면 시 발표보다 비유하고 싶은 대상을 발표하도록 유도한다. 이 활동의 목적은 비유하는 시를 쓰며 자신의 모습을 성찰할 수 있는 시간을 갖는 것이다.

수업성찰 친구들은 자신을 대상으로 시를 써보기는 처음이라고 말했다. 학급분위기에 따라 자신을 비유한 시 발표에 매우 적극적인 학급이 있는가 하면 그 반대로 아무도 발표하지 않는 학급도 있었다. 매우 적극적으로 참여하는 아이들의 경우 그 시를 중심으로 어떤 사물(동물, 식물 등)로 비유하여 시를 썼는지 칠판에 판서하며 확인해주었고, 매우 소극적인 학급은 시 발표보다 아이들이 자신을 주로 무엇으로 비유하였는지 발표하도록 하여 칠판에 비유된 사물을 기록하며 피드백해주었다.

⇨ 전개활동 2: 자신의 학습유형과 비슷한 캐릭터 찾아보기

자신의 학습유형은 전 시간에 실시한 설문결과와 비교하며 아이들 스스로 다시 한 번 판단해볼 수 있는 시간을 마련하는 데 목적을 둔다. 설문검사는 연우심리연구소에서 개발한 것으로 행동, 규범, 탐구, 이상지수를 조합하여 총 14가지 학습성격을 규정한다. 하지만 지속적으로 성장하고 있는 아이들의 경우 본인이 타고난 성향이 감춰지는 경우가 있으므로 4가지 주요 학습유형을 들어보고 본인 스스로에게 어떠한 학습성향이 있는지 판단하는 활동을 갖도록 한다. 아이들 스스로 학습유형의 자기결정력을 높이기 위해 아이들이 좋아하는 영화 〈해리포터〉에 나오는 등장인물을 예시로 보여주며 자신의 학습유형을 결정해보도록 한다.

수업성찰 해리포터에 등장하는 인물의 사진을 보여주며 각각의 학습유형의 특징을 이야기해주었는데도 불구하고 자신의 학습유형을 잘 찾지 못하는 친구들을 위해 지난 시간 학습유형설문 검사 결과를 알려주며 수업을 진행하였다. 아이들은 자신이 어떤 학습유형을 지니고 있는지 매우 관심 있게 듣는 편이었다. 사람에 따라 최소 1가지 이상의 학습유형을 가지고 있으므로 자신에게 가장 강한 학습유형은 무엇인지 스스로 판단해보도록 격려해주었다.

⇨ 전개활동 3: 20년 후 친구들의 긍정적인 모습 떠올려보기

자신의 학습유형을 어느 정도 알아본 아이들은 이제 친구들의 모습을 떠올려보도록 한다. 여기에서 주의할 점은 친구들의 긍정적인 모습을 이야기해주는 데 초점을 맞추어야 한다는 것이다. 4가지 주요 학습유형을 알아보면서 아이들은 자신의 모습뿐만 아니라 다른 친구들의 모습을 떠올려보며 자연스럽게 4가지 학습유형을 익혀가는 데 도움을 얻는다. 친구들의 긍정적인 모습을 떠올리는 데 도움을 주기 위해 현재의 모습보다는 20년 후의 모습을 떠올려보도록 한다. 이를 통해 아이들은 20년 후 친구들의 긍정적인 모습을 생각해볼 수 있다.

수업성찰 아이들은 학급 친구들 중 행동형, 규범형, 탐구형, 이상형을 뚜렷하게 지니고 있는 친구들을 머릿속에 쉽게 그려볼 수 있었다. 반면 자신의 학습유형을 알아보는 데는 다소 혼란스러워했다. 하지만 다른 친구들의 모습을 떠올려보면 자신에게도 그런 학습성격이 있는지 점검하는 데 도움을 받을 수 있었을 것이다. 여기에 한 발 더 나아가 20년 후의 친구들의 모습을 생각해보는 훈련은 앞으로 아이들이 가져야 할 미래의 진로를 보다 구체화하는 데 도움을 줄 수 있을 것이다.

⇨ 정리활동: 4가지 주요 학습유형에 대해 정리하며 올바른 자긍심 갖기

4가지 주요 학습유형을 다시 한 번 정리하며 아이들 스스로 진로흥미와 진로성격을 파악하는 데 도움을 주도록 한다. 대부분의 아이들이 혼란을 겪고 있는 부분은 자신이 관심 있는 분야와 자신의 진로 성격이 다르거나 분명하게 인식하지 못하고 있다는 점이다. 따라서 이번 시간에 배운 4가지 주요 학습유형을 다시 살펴보고 본인 스스로 자신의 모습을 정직하게 바라볼 수 있도록 조력하는 데 초점을 두었으며, 이를 통해 있는 모습 그대로의 자신을 인정하고 올바른 자긍심을 함양하도록 노력하였다.

⇨ 협력과제: 20년 후 자신의 명함 만들기(도덕 30쪽, 활동자료 2)

지금까지 탐색해본 자신의 학습유형을 보다 구체화하기 위해 20년 후 자신의 모습을 떠올리며 자기 명함을 만들어보도록 한다. 명함은 도덕 30쪽의 예시자료를 참고하되 이 시간에 배운 4가지 주요 학습유형을 활용하여 만들어보도록 권유한다. 아이들은 이 명함 만들기 활동을 통해 자신의 학습유형에 적절한 진로를 탐색하게 될 것이다.

3차시 성찰협력수업

대상	6학년 아이들	장소	6학년 각 교실	수업자	수석교사 정민수
주제	소중한 나, 참다운 꿈	교과서	국어활동 8~12쪽, 도덕 18~21쪽		
단원목표	학습유형에 따른 참다운 꿈을 찾을 수 있다.				
차시주제	참다운 꿈을 실현하기 위해 함께 나아가기				
수업흐름	⇨ 생각열기: 갓난아기가 걷기까지 어떠한 과정을 거치는지 이야기 나누기(도덕 18쪽) ⇨ 목표확인: 참다운 꿈을 실현하기 위해 함께 나아가기(도덕 18쪽, 국어 8~12쪽) ⇨ 전개활동 1: 자신이 만든 20년 후 미래 명함 발표하기(학급카페 및 명함과제 활용) ⇨ 전개활동 2: 비슷한 유형의 친구들끼리 모여 공통점 찾아보기 ⇨ 전개활동 3: 미래의 명함을 모아 친구들과 협력하여 꿈 만들기 ⇨ 정리활동: 참다운 꿈을 실현하기 위해 노력할 점 적어보기(도덕 21쪽) ⇨ 협력과제: 학급카페에 참다운 꿈 실현 계획 올리기				

⇨ 생각열기: 갓난아기가 걷기까지 어떠한 과정을 거치는지 이야기 나누기 (도덕 18쪽)

"어린 동생이나 조카가 있는 친구 손들어보세요."

선생님의 질문에 아이들 입가에 미소가 번진다. 귀여운 갓난아기를 떠올렸기 때문이다. 그런 갓난아기가 태어나서 걷기까지 어떠한 과정을 거치는지 함께 이야기를 나누어보자.

은화 제 막내 동생은 먼저 뒤집기를 했어요. 그 다음에는 배밀이를 하더라고요.

지호 저도 봤어요. 뒤집고 목을 조금 세울 줄 아니까 여기저기 기어 다녔어요. 여기 교과서에 있는 아기처럼 무릎으로 기려면 시간이 많이 필요했어요.

지훈 그 다음에는 뭔가 잡고 일어나요. 제 조카도 이때 엄청 넘어졌어요. 지난번에 넘어지지 않게 하려고 제가 계속 잡아주었던 생각이 납니다.

수업성찰 3차시 생각열기의 초점은 아이들이 갓난아기의 걷기 과정을 떠올려보도록 한 후 이러한 과정이 친구들이 자신의 꿈을 찾아나서는 과정과 비슷하다고 이야기해주는 데 두었다. 갓난아기 이야기를 신나게 하다가 갑자기 꿈과 진로 이야기를 하자 분위기가 엄숙해졌다. "너희들의 신체나이는 13살이지만 꿈 나이는 이런 갓난아기와 같아!" 꿈 나이에 대해 다소 생소해했지만 대부분 이해하고 따라왔다.

⇨ 목표확인: 참다운 꿈을 실현하기 위해 함께 나아가기(도덕 18쪽, 국어 8~12쪽)

자신의 참다운 꿈을 발견하기 위해서는 어떻게 해야 할까? 앞에서 살펴본 갓난아기의 성장과정을 다시 한 번 뒤돌아보며 미래의 내 모습을 위해 차근차근 준비해가는 과정이 중요함을 인지시킨다. 지난 시간에 이어 자신의 학습유형을 다시 한 번 떠올려보고 참다운 꿈을 발견하기 위해 친구들과 함께 협력하고 도전해볼 수 있도록 용기를 북돋아준다.

⇨ 전개활동 1: 자신이 만든 20년 후 미래 명함 발표하기(학급카페 및 명함과제 활용)

지난 시간 협력과제로 내준 미래 명함을 발표하는 시간을 갖는다. 여기에서는 도입 활동으로 몇 명의 친구들의 발표를 듣고 자신의 미래를 다시 한 번 떠올려보는 시간으로 활용한다. 20년 후 미래 명함의 주요 포인트는 자신의 타고난 학습성격을 얼마나 잘 반영하고 있는지에 두고, 진로흥미와 진로성격을 고려한 자신의 모습을 잘 그리고 있는지 친구들과 함께 발표를 듣도록 권유한다.

수업성찰 20년 후 미래의 자기 모습을 그린다는 것은 쉬운 일이 아니다. 그럼에도 불구하고 현재 자신의 미약한 모습에 얽매이지 말고 밝고 명랑한 자신의 모습을 그려갈 수 있도록 돕는 데 그 목적이 있다. 따라서 미래 명함의 완성도보다는 얼마나 자신의 모습을 있는 그대로 받아들이며 자신의 장점을 잘 파악하고 있는지 생각해보는 데 집중하였다. 발표를 듣는 친구들 역시 야유보다는 서로 격려해줄 수 있는 분위기를 조성하고자 노력하였다.

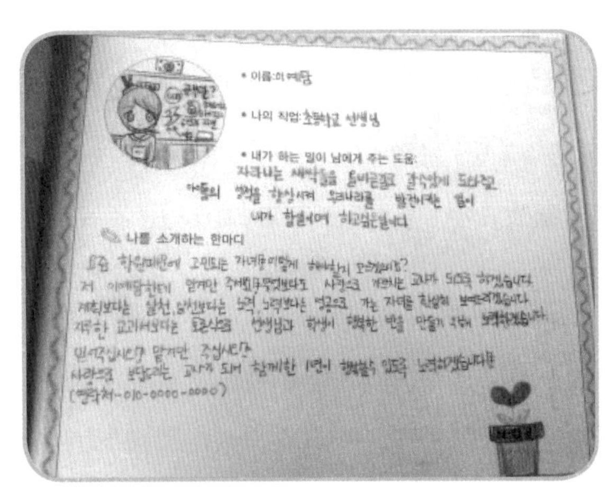

⇨ 전개활동 2: 비슷한 유형의 친구들끼리 모여 공통점 찾아보기

학습유형 중 2가지와 3가지 지수가 높이 나온 친구들을 알아보고 비슷한 캐릭터를 알아보도록 지도한다. 여기에서는 학습유형 캐릭터를 자세히 소개하기보다는 아이들 스스로 자신과 비슷한 학습유형의 친구들을 알아볼 수 있는 실마리를 제공하는 수준으로 진행한다. 즉, 자기 스스로 비슷한 학습유형의 친구들을 찾아보고 함께 만나는 과정을 열어주는 데 목적을 둔다. 비슷한 유형의 친구들끼리 모여 서로의 꿈에서 공통점과 차이점을 찾아보는 활동을 한다.

수업성찰 아이들과 지난 시간에 함께 한 학습유형 성격검사 결과에 의존하기보다는 기본적으로 자신이 지니고 있는 주요 학습유형(행동형, 규범형, 탐구형, 이상형)을 따라갈 수 있도록 안내하였다. 그래도 자신의 학습유형을 잘 파악하지 못하는 친구들을 위해 비슷한 캐릭터들을 보여주고 자신의 학습유형과 비슷한 그룹에 들어

갈 수 있도록 도와주었다. 아이들은 서로 만나서 자신들의 공통점을 찾아보고 서로의 꿈에 대한 이야기를 나누어 공책에 적어보도록 하였다.

⇨ 전개활동 3: 미래의 명함을 모아 친구들과 협력하여 꿈 만들기

세 번째 활동은 '우리가 함께 만드는 꿈 제작소!'라는 이름으로 자신과 비슷한 학습유형의 친구들과 서로의 명함을 모아 놓고 자신들이 정한 꿈들의 공통점이 무엇인지 찾아보는 활동을 하도록 한다. 비슷한 유형의 친구들이 만났기 때문에 서로의 꿈이 상당부분 비슷한 걸 발견할 수 있고, 그 꿈을 위해 어떠한 다짐들을 했는지 이야기를 나누며 확인해보도록 한다. 학급에 따라 남는 시간을 최대한 활용하도록 하고, 서로의 꿈을 보다 구체화할 수 있는 이야기를 나누도록 격려한다.

수업성찰 학급에 따라 학습유형이 비슷한 친구들을 쉽게 찾는 학급이 있고, 자신과 비슷한 학습유형을 잘 찾지 못하는 학급도 있었다. 따라서 세 번째 활동은 보다 탄력적으로 운영하였으며 뭔가 세밀하게 제작하는 걸 목적으로 두었다기보다 친구들의 공통점을 발견해보고 자신의 꿈을 이야기하며 미래의 명함에 대해 함께 생각해보는 것으로 만족해야 했다.

⇨ 정리활동: 참다운 꿈을 실현하기 위해 노력할 점 적어보기(도덕 21쪽)

지금까지 친구들과 함께 살펴본 학습유형을 보다 구체화하기 위해 자신의 학습유형에 적합한 진로를 정리하는 시간을 갖는다. 특히 참다운 꿈을 실현하기 위해 노력할 점을 도덕 교과서에 적어보며 스스로 다짐해보는 시간을 갖도록 한다. 이때 자신의 학습유형을 적어보고 본인의 진로

흥미와 진로적성은 무엇인지 생각해보는 시간을 갖는다.

⇨ **협력과제: 학급카페에 참다운 꿈 실현 계획 올리기**

자신의 학습유형에 어울리는 진로를 찾기 위해 자기 스스로 세우는 참다운 꿈 실현 계획서를 작성해보도록 하며 학급카페에 올려 친구들과 그 내용을 함께 공유하도록 한다.

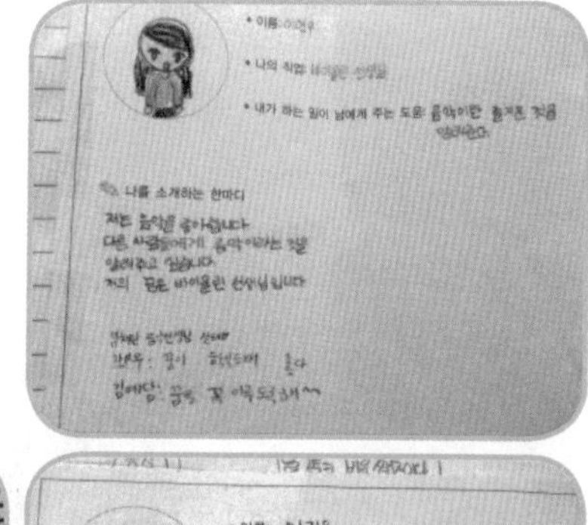

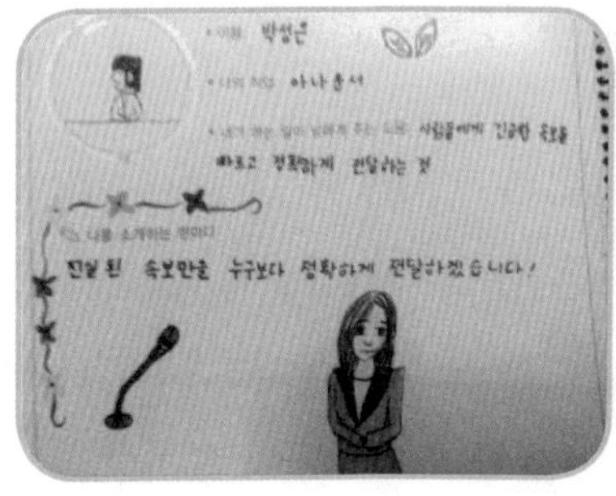

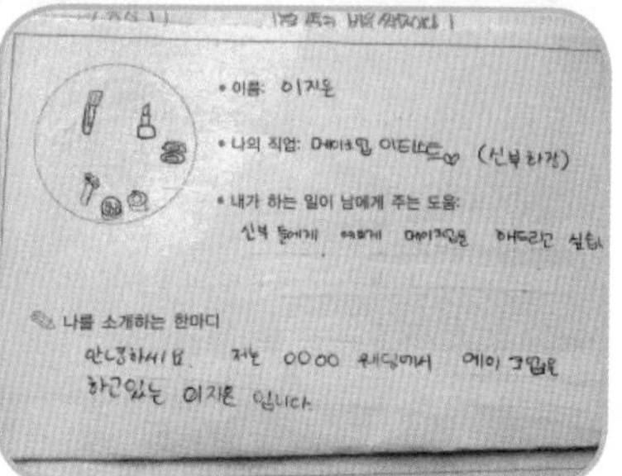

01 여백의 미(美) = 아이들의 참여 공간

02 꼬마교사들의 참여가 수업을 바꾼다

03 협력수업? 아이들과 연합작전을 펼쳐라

04 학습공동체의 비밀 키워드 3가지 : 존재감, 소속감, 자신감

05 교사성찰 + 수업유형 = 협력수업

06 협력수업, 동료교사의 눈높이를 맞춰라

2부

협력수업,
지혜를 나누다

01 여백의 미(美) = 아이들의 참여 공간

수업은 아이들을 위해 존재한다. 그렇다면 여백을 남겨라.

조선시대 최고의 화가로 명성을 떨친 단원 김홍도의 풍속화를 보면 여백의 미가 살아있습니다. 그 여백은 보는 이가 화폭의 느긋함과 여유로운 필치를 충분히 감상하도록 이끌어줍니다. 특히 단원이 노년에 그린 〈주상관매도〉를 보면 뿌옇게 흘려 놓은 빈 여백 속에 몇 그루 꽃나무를 심오하게 그려 놓은 것을 감상할 수 있습니다. 또 화폭의 아래쪽 구석에는 이편 산자락의 끄트머리를 살짝 드리워 놓았고 그 너머 작은 조각배 안에는 조촐한 주안상을 앞에 두고 있는 노인과 뱃사공의 모습을 볼 수 있습니다.

〈주상관매도〉의 화폭은 어른의 키만큼이나 커다란데 거기에 그려진 경물은 화면의 1/5도 채 되지 않습니다. 단원은 왜 이렇게 많은 여백을 남겨 놓은 것일까요? 여백의 미란 화폭을 가득 채우지 않고 비워둔 공간에 각자의 생각을 채우도록 하는 작가의 여유가 아닐까요? 이런 현상은 주로 한국화 같은 동양화에서 많이 나타나는데 화가가 다 채우지 않고 여백을 남겨두어 보는 사람이 작품에 참여할 공간을 남겨두는 미학일 것입니다.

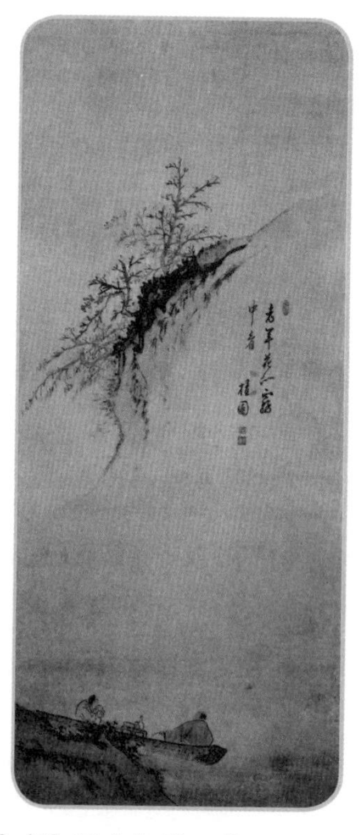

좋은 수업을 위해서도 이런 여백을 배려하는 자세가 중요합니다.[1] 수업에서 여백의 미를 살린다는 건 아이들이 참여할 공간을 남겨둔다는 의미입니다. 여백이 살아 있는 좋은 수업을 이루려면 교사의 가르침과 학생의 배움이 상호작용하도록 해야 합니다. 그런데 요즘 수업을 들여다보면 아이들이 참여할 공간이 없는 경우가 많습니다. 수업을 진행하는 교사의 마음이 바쁘기 때문입니다. 아니 교사 스스로 수업의 내용을 빈틈없이 완벽하게 준비하기 때문입니다. 수업을 준비할 때 수업의 또 다른 주인공인 아이들이 참여할 공간을 확보해야 하는데 교사 홀로 수업을 준비하다 보니 미처 그 여백을 남겨두지 못하고 있는 것입니다. 물론 때로는 교사의 완벽한 준비로 수업이 멋진 작품으로 만들어지기도 합니다. 하지만 그런 수업작품 속에 아이들이 참여할 공간이 없다면 좋은 수업이라고 말하기 어려울 것입니다.

모든 교과 수업에서 단원의 도입차시를 제시하고 있습니다. 아이들이 보는 교과서에는 두 페이지 분량의 짧은 내용이지만 그 의미는 사실 매우 중요합니다. 즉, 본 차시로 바로 들어가도 되지만 단원에 들어가기 전 아이들과 함께 협력할 여유를 가지라는 의미입니다. 하지만 상당수의 교사들이 이 도입차시를 간과하는 경향이 있습니다. 또는 도입차시를 1차시와 묶어서 진행하는 경우도 있습니다. 이는 교사들이 도입차시의 중요성을 몰라서 그렇다기보다는 정해진 이수시간에 비해 교과내용이 상대적으로 많기 때문입니다. 하지만 그럼에도 불구하고 단원에 들어가는 도입차시를 아이들과 함께 십분 활용하는 것이 필요합니다. 다른 측면에서 생각해보자면 도입차시의 내용이 다른 차시 내용에 비해 빈약한 건 본 단원에 아이들이 참여할 공간을 열어둔 것입니다. 즉 수업의 여백을 제공하고 있는 것입니다.

좀 더 구체적으로 말하면 단원의 도입차시에서는 아이들과 함께 배울 단원의 밑그림을 그려 나가는 활동을 전개하는 것이 바람직합니다. 고학년 면담하기 단원을 지도한다고 예를 들어보겠습니다. 1차시에서 면담의 특성과 주의할 점을 바로 지도하기보다 면담이 왜 필요한지 생각해볼 시간을 주는 것이 좋습니다. 구체적인 상황을 제시하며 이야기를 나누는 활동이 먼저 필요한 것입니다. 또한 면담하기 단원에서 학습해야 할 내용을 미리 살펴보고 아이들이 직접 참여하여 배우거나 체험할 수 있을지 자유롭게 협의해보는 과정이 있어야 합니다. 아이들은 이런 성찰협력의 과정을 통해 면담하기 단원을 왜 학습해야 하는지 자연스럽게 이해하게 됩니다. 더 나아가 아이들 스스로 면담하기 학습에 대한 전체적인 밑그림을 그려보았기 때문에 적어도 면담 분야에 있어서는 배움에 대한 열망이 더욱 커지게 됩니다. 이렇게 성찰협력수업이란 배움의 장면에서 아이들이 참여할 여백을 스스로 성찰해보고 교사와 학생, 학생과 학생 간 상호협력의 길을 넓혀가는 수업을 의미합니다.

아이들이 일단 자신이 참여할 수 있는 배움의 여백을 발견할 수만 있다면 교사 홀로 계획을 세우는 것보다 수업이 더욱 풍성해진다는 것을 확인할 수 있을 것입니다. 교사는 그저 아직 미숙한 아이들의 아이디어를 실천 가능한 영역으로 끌어들이고, 학생 간의 상호 협력을 극대화할 수 있도록 조율하는 역할을 하면 됩니다. 만약 아이들이 아직 교사의 성찰협력수업을 따라오지 못한다면 교사가 조금 더 주도적으로 창의적인 아이디어를 제공할 필요는 있습니다. 면담하기 단원의 경우 아이들이 모둠면담 학습에만 초점을 맞추고 있다면 교사가 개인면담의 필요성을 더 추가하여 제시해주는 것도 좋은 방법이 될 수 있습니다. 또한 아이들이 모둠면담의 실습에 두려움을 갖고 있다면 교실에서 모의면담 역할극 활동을 제안해줄 수도 있습니다. 중요한 건 교사가 제시하고 일방적으로 지시하는 형식이 되면 안 된다는 점입니다. 가급적 아이들 스스로 배움의 여백을 검토해보고 자신들이 참여할 공간을 성찰해볼 최소한의 시간을 주는 것이 바람직합니다.

이러한 배움의 여백 찾기는 수업이 진행되는 과정에서도 수시로 이루어져야 합니다. 아이들이 배움의 여백 찾기에 익숙하지 않다면 교사가 조금 더 주도적으로 개입할 필요가 있기 때문입니다. 예를 들면 아이들 스스로 면담의 절차를 알아보고 면담 질문지를 구성해보기로 했지만 막상 모둠별 협의과정이 매끄럽지 않을 수도 있습니다. 그런 경우에는 오히려 교사가 더 주도적으로 수업을 이끌어가는 것이 바람직할 수 있습니다. 면담 질문지를 구성할 때 구체적인 사실에 대한 질문, 생각이나 느낌에 대한 질문, 앞으로의 계획이나 당부에 대한 질문 등을 아직 구분하지 못한다면 배움의 여백이 아니라 배움의 기본을 다져야 하기 때문입니다. 때에 따라 아이들의 사고의 폭을 넓혀줄 수 있는 적절한 자료를 투입할 필요도 있습니다. 또한 모둠면담 계획 세우기를 어려워한다면 교사가 예시 자료를 보여주며 아이들이 보다 더 창의적으로 협력하도록 도와줘야 합니다. 이렇게 수업은 살아 있는 생명체 같아서 아이들의 반응을 지속적으로 성찰하여 협력적 요소를 적절히 조력해줄 필요가 있습니다.

좋은 수업에는 배움의 여백이 살아 있습니다. 교사 혼자 숨 가쁘게 수업을 몰아간다면 화면 가득 색칠된 화려한 서양화는 될지 몰라도 아이들이 활발하게 참여하는 운치 있는 동양화는 그릴 수 없을 것입니다. 수업의 빈 여백을 아이들이 직접 채워가는 모습을 보면 감탄이 절로 나옵니다. 밤늦게 귀가하신 아빠를 면담했다며 영상을 쑥스럽게 보여주는 아이가 있는가 하면 남자 치어리더를 만나지 못해 모둠 친구들과 함께 역할극을 해보겠다는 아이들까지 수업의 생기가 넘칩니다. 또 가족들과 성묘하러 갔다가 오랜만에 만난 이모를 면담하는 아이부터 학교 근처에 있는 커피숍에 들어가 멋진 바리스타를 면담해 왔다며 수업시간을 기다리는 아이까지 다양합니다. 위대한 성찰협력수업의 참맛을 알아가는 순간입니다. 특히 수업을 이렇게 성찰과 협력으로 전개해갈 때 크게 달라지는 아이들이 있습니다. 평소 수업에 흥미를 잃고 참여하지 않던 친구들입니다. 이 친구들은 자신이 참여할 배움의 여백을 성찰하는 순간 눈에 띄게 달라집니다. 교실 수업에서 늘 방해꾼 취급만 받던 아이들이 수업에 참여할 공간을 찾았으니 얼마나 신이 날까요? 지금 아이들에게 배움의 여백을 보여준다면 선생님도 위대한 성찰협력수업을 경험하게 될 것입니다.

[1] 단원 김홍도의 〈주상관매도〉를 활용한 수업의 여백 이야기는 ≪교사, 수업에서 나를 만나다≫ (김태현 저, 좋은교사)에서 제시한 아이디어를 인용했다.

02 꼬마교사들의 참여가 수업을 바꾼다

수준차가 심각한 교실! 대안은 꼬마교사 세우기이다. 꼬마교사를 활용하라.

수업을 하다 보면 아이들의 수준차가 문제가 되는 경우가 많습니다. 특히 수학교과와 영어교과의 경우 기본적인 내용 자체를 따라오지 못해 아예 포기한 경우부터 선행학습이 이루어져 학년 이상의 실력을 가진 아이들까지 그 수준의 폭이 상당히 넓습니다. 수업해야 하는 교사들 입장에서는 매우 곤혹스러운 일이 아닐 수 없습니다. 그러다 보니 대부분의 교사들은 수업의 초점을 중상 수준 정도로 설정하고 일반적인 수준의 수업을 구성하여 전개하곤 합니다. 그런데 여기에 문제가 있습니다. 다른 아이들에 비해 상대적으로 수준이 낮은 아이들은 수업의 내용을 전혀 이해하지 못해 수포자 또는 영포자로 전락할 확률이 높아진다는 점입니다. 그뿐 아니라 상대적으로 수준이 높은 아이들 역시 수업의 흥미를 잃어버리고 방관자가 되기도 합니다. 이런 부정적인 결과를 피하려면 어떻게 해야 할까요?

어느 선생님이 수학교과 수업을 멋지게 구상하여 적용했습니다. 선생님은 분수의 종류를 알아보고 분류하는 활동을 수업의 목표로 세웠습니다. 수업에 들어가기 전 사전 실태 조사를 해보니 이미 선수학습을 통해 분수의 종류를 알고 있는 학생들이 있다는 것을 알았습니다. 하지만 분수의 개념을 완전히 이해하지 못하는 친구들을 위해 개념형성 수업모형을 적용하는 것이 최선책이라고 생각했습니다. 수업은 개념형성 준비활동 → 학습할 수학적 개념의 도입 → 개념 익히기 → 학습한 개념을 새로운 상황에 적용하기 순으로 물 흐르듯 매끄럽게 진행되었습니다. 선생님의 수업기술은 탁월했고 거의 모든 학생들은 선생님의 재미있는 게임식 수업방식에 함박웃음을 지으며 수업에 쏙 빨려 들어가는 느낌이었습니다. 그럼에도 불구하고 이 멋지고 화려한 수업이 끝나자 수업에 참관한 교사들의 고민은 깊어졌습니다.

참관한 교사들의 첫 번째 고민은 이 수업을 진행한 선생님처럼 화려한 수업기술을 매 수업시간마다 구사하는 건 거의 불가능하다는 것이었습니다. 40분간의 한 차시 수업을 다시 회상해보아도 수업의 전개과정이 매우 치밀하게 잘 구성되어 있었습니다. 거기에 아이들이 다소 지루한 분수의 개념을 재미있게 학습할 수 있도록 아이들의 움직임까지 잘 조직화한 수업이었습니다. 선생님과 아이들 모두 치밀하게 준비된 수업의 과정을 멋지게 보여주기라도 하듯 최선을 다하는 모습이었습니다. 참관한 교사들 모두 수업자와 아이들에게 박수를 보내면서도 당장 내 교실 수업에 적용한다는 건 여전히 무리라는 생각을 할 수밖에 없었습니다. 이 수업에 참여한 아이들처럼 교실 아이들이 잘 길들여지지도 않았고, 교사인 본인 역시 수업자처럼 화려한 수업기술을 뽐내기가 쉽지 않기 때문이었습니다.

참관한 교사들의 두 번째 고민은 이미 선행학습이 이루어져 분수의 종류까지 구분할 수 있는 아이들이 상당수 있었다는 사실이었습니다. 이 모범생 아이들은 앞에서 성실히 지도해주시는 선생님의 발문에 한 치의 오차도 없이 정확하게 답변했습니다. 특히 분수의 개념을 알아가는 단계부터 분수의 종류를 구분하여 약속하기까지 수업의 전 과정에 걸쳐 아주 모범적으로 참여해주었습니다. 이 모습을 보며 참관한 교사들은 모범생 아이들이 매번 이런 수업을 위해 선행학습을 그렇게 열심히 하는 것인지도 모른다는 생각을 나누었습니다. 수업에 참여한 다른 아이들도 선생님께 인정받기 위해서라도 선행학습을 열심히 해 올 것이라는 생각도 들었습니다. 어쩌면 지금의 한국 학교에서 살아남는 가장 좋은 방법일지도 모릅니다. 그러나 이런 완벽하고 화려한 수업을 보는 교사들에게 자괴감이 밀려오는 이유는 무엇일까요? 그건 아마도 이미 선행학습이 되어 있는 아이들이 있다는 것을 알면서도 교사와 아이들 모두 처음 배우는 것처럼 멋진 연기를 하고 있었기 때문일 것입니다.

교사는 성실히 수업을 준비해 교단에 서야 하고, 아이들은 모범적으로 선행학습을 해 와서 교사에게 인정받아야 한다는 이 지고지순한 논리를 이제 잠시 뒤집어 생각해보려고 합니다. 먼저 교사의 입장입니다. 교사가 수업을 성실히 준비하는 것 자체는 그 누구도 비난하지 않을 것입니다. 아니 오히려 수업을 치밀하게 잘 준비하라고 독려해야 마땅한 일입니다. 그러나 수업이 교사 중심으로 치밀하게 준비될수록 수업의 또 다른 주요 개체인 학생들이 비집고 들어갈 공간이 없어진다는 현상에 주목해야 합니다. 다음은 학생의 입장입니다. 학생이 모범적으로 예습과 복습을 해 오고 수업에 멋지게 참여하는 것 자체는 칭찬받아 마땅한 일입니다. 다만 우리 교사들이 이런 모범생들을 단순히 교사의 발문에 똑똑하게 답변만 하는 앵무새로 기르고 있는 건 아닌지 성찰이 필요합니다.

만일 교사들이 이런 모범생들을 앵무새가 아닌 솔개로 길러줄 수 있다면 어떨까요? 솔개는 수명이 길어 약 80년을 살아갑니다. 그러나 40년쯤 되면 부리는 구부러지고, 발톱은 닳아서 무뎌지며, 날개는 무거워져 날기도 힘든 상태가 됩니다. 그때 솔개는 새로운 삶을 위해 고통스러운 과정을 선택합니다. 먼저 바위산으로 날아가 자신의 낡고 구부러진 부리가 다 닳아 없어질 때까지 쪼아버립니다. 그러면 닳아진 부리 자리에서 매끈하고 튼튼한 새 부리가 자랍니다. 그리고 새로 나온 부리로 무뎌진 자신의 발톱과 무거워진 깃털을 하나씩 뽑아버립니다. 그렇게 생사를 건 130여 일이 지나면 솔개는 또 다시 새로운 40년의 삶을 살 수 있게 됩니다. 교실 아이들 중 이렇게 솔개처럼 늘 묵묵하게 성실히 준비하며 도전적인 과제를 좋아하는 아이들이 있습니다. 이런 아이들에게는 교사의 발문에 답변만 하는 앵무새의 역할을 넘어 솔개처럼 자기 주도적으로 수업에 참여할 수 있도록 더 많은 기회를 부여해주는 것이 바람직할 것입니다.

특히 수학교과나 영어교과처럼 아이들의 수준차가 크게 벌어지는 경우 더 적극적으로 고려해볼 필요가 있습니다. 교사 혼자서는 학급 아이들 전체를 통제하기가 쉽지 않습니다. 하지만 모범생 아이들이 교사를 도와 보조교사 역할을 한다면 교사가 생각하지 못한 의외의 좋은 결과들을 얻을 수도 있습니다. 만일 분수의 종류를 이미 알고 있는 아이들이 꼬마교사가 되어 친구들에게 설명할 기회를 얻는다면 무엇이 달라질까요? 교사는 전체 아이들의 시선을 사로잡아 칠판 앞에서 설명해야 하지만 꼬마교사들은 모둠 친구들과 머리를 맞대고 아이들의 언어로 보다 쉽게 설명해줄 수 있을 것입니다. 수업의 궁극적인 목적은 교사의 멋진 수업기술을 보여주는 것이 아니라 아이들이 얼마나 활발하게 배움의 과정을 밟아가고 있는지 확인하는 데 있어야 합니다. 교사가 할 일은 수업의 도입부분에서 분수의 종류에 대한 개념을 정확히 인지하고 있는 아이들을 꼬마교사로 세워주기만 하면 됩니다. 그럼 이들은 얼마 지나지 않아 같은 모둠에서 또 다른 꼬마교사들을 세워 놓을 것입니다. 학급 전체 아이들에게 어떤 개념이나 법칙을 이해시켜야 할 때 꼬마교사들의 눈높이 교육만큼 효과적인 방법은 없습니다.

누구나 최상의 학습효과를 얻기 위한 방법이 교사의 일방적인 지식전달이 아님을 알고 있습니다. 단 3일만 지나도 아이들은 읽은 것의 10%, 들은 것의 20%밖에는 기억하지 못합니다. 하지만 아이들이 직접 자신이 이해한 내용을 말로 표현한다면 80%의 학습효과를 볼 수 있습니다. 여기에 더 나아가 아이들이 꼬마교사가 되어 창의적인 행동으로까지 옮길 수 있다면 90% 이상의 학습효과까지 얻을 수 있습니다. 따라서 교사들은 교실 아이들 모두가 꼬마교사가 되어 개념이나 법칙을 서로에게 설명해주는 활동을 할 수 있도록 독려할 필요가 있습니다. 만일 대부분의 아이들이 기본 개념을 설명할 수 있는 꼬마교사가 되었다면 이해한 지식을 창의적인 행동으로 표현할 수 있는 장을 열어주면 됩니다. 예를 들면 분수의 종류를 활용한 스토리텔링을 아이들이 협력하여 직접 구성해보고 친구들 앞에서 발표할 수 있는 기회를 만들어준다면 적어도 그 개념만큼은 절대 잊어버리지 않을 것입니다.

협력수업? 아이들과 연합작전을 펼쳐라

협력수업의 성공을 위해 협력자를 세워라. 연합작전의 주인공들과 함께 협력하라.

이상한 마라톤 경주를 본 적이 있습니다. 보통 마라톤 경주는 장거리 종목으로 지구력의 한계를 시험한다고 할 수 있습니다. 특히 오르막 및 내리막길이 있는 도로를 달리기 때문에 자기 페이스를 안배하느라 다른 선수들을 돌아볼 겨를이 거의 없습니다. 그런데 이상한 마라톤에서는 선수와 선수가 서로 의지해 손을 붙잡고 함께 달립니다. 심지어 지쳐 있는 다른 선수들에게 포기하지 말라며 응원의 말을 건네기 바쁩니다. 완주 후에는 모두가 길 위에 대자로 뻗어서 기쁨과 성취감을 함께 만끽합니다. 모두가 지친 가운데에서도 서로를 격려하며 치켜세우는 모습들이 정말 아름답습니다. 무슨 경기냐구요? 바로 장애인과 비장애인이 2인 1조가 되어 함께 완주하는 '사랑의 마라톤' 행사입니다.

사랑의 마라톤은 한 대학교 학생들이 그 동안 배운 섬김의 정신을 지역 시민들에게 나누어 장애인 인식 개선에 앞장서기 위해 준비한 행사였습니다. 또한 시민들과 장애인들과의 연대를 통해 지역사회와의 깊은 유대감을 형성하는 것을 궁극적인 목적으로 삼고 있습니다. 즉 사랑의 마라톤은 일반 마라톤과 그 목적이 사뭇 다릅니다. 일반 마라톤에서는 최후까지 자신의 신체적, 정신적인 피로를 극복한 사람만이 긴 경주코스를 완주하고 좋은 성적을 낼 수 있습니다. 그런데 사랑의 마라톤은 자신에게 신체적인 장애가 있음에도 불구하고 도우미 참가자를 의지하고 참여한다는 그 자체에 큰 의미가 있습니다. 장애인들과 함께 손을 잡고 달리는 도우미 참가자들 역시 자기보다 남을 배려하고 협력할 때 가슴 찡한 감동이 밀려온다는 사실을 배우게 됩니다.

"빨리 가려면 혼자 가고, 멀리 가려면 함께 가라."는 말이 있습니다. 특정 목표에 도달하는 방법으로 보자면 빨리 가는 것을 합리적이라고, 멀리 가는 것을 효율적이라고 부를 수 있을 것입니다. 그 특정 목표가 우리 아이들의 교육이라면 합리성과 효율성 중 무엇을 선택하는 것이 바람직할까요? 사실 지금까지 우리 한국사회는 효율성보다 합리성을 더 우선시하는 경향이 있었습니다. 즉 함께 멀리 가는 길을 택하기보다 자기 혼자 빨리 가는 길을 선택하는 것이 더 지혜롭다고 여겨왔던 거죠. 하지만 대중이 성숙해질수록 합리성만을 추구하다간 우리 모두가 아닌 극소수 몇 명만을 위한 교육이 된다는 걸 깨닫게 됩니다. 과거 문화적 리터러시[1]가 부족한 시기에는 엘리트 한 사람이 모두를 먹여 살린다는 생각에 수긍했었습니다. 그러나 사회가 다변화되고 대중이 성숙해진 최근에는 합리성보다 효율성을 추구하는 교육이 필요하다는 주장이 힘을 얻고 있습니다. 조금 천천히 가더라도 모두가 함께 갈 때 잡음 없이 안전하고 건강하게 멀리 갈 수 있다는 인식이 확산되고 있는 것입니다.

최근에는 이러한 사회적 인식에 힘입어 수업의 방향도 경쟁위주에서 협력 중심의 수업으로 변화하려는 노력들이 이어지고 있습니다. 구체적으로 교육과정을 재구성하여 협력 중심의 프로젝트식 수업을 전개한다거나 아이들이 중심이 되는 배움 중심의 수업을 적용하려는 노력들이 그 사례들입니다. 협력 중심의 수업을 적용할 때 가장 큰 걸림돌은 기존의 경쟁식 교육방식을 다시 답습하는 것입니다. 수업을 전개해야 하는 교사들 입장에서 보면 교과 지식을 빠르게 전수할 수 있는 교육방법이 더 합리적일 수 있습니다. 그러나 이런 경쟁식 교육방식이 우리 사회에 안겨준 각종 폐단들을 생각해본다면 우리가 왜 합리적인 교육방식이 아닌 효율적인 교육방법을 고려해야 하는지 알 수 있을 것입니다.

효율적인 교육방법이란 학생들 스스로 지혜를 나누는 협력수업을 의미합니다. 협력수업은 엘리트 한 사람을 뺀 다수를 낙오자로 만드는 실수를 범하지 않습니다. 대신 서로 간의 수준차를 인정하고 함께 상생할 수 있는 협력의 길을 선택할 수 있도록 교육의 효율성을 극대화시킵니다. 더 깊이 있게 성찰하기 위해 한 수학수업의 사례를 보려고 합니다. 수학은 앞에서도 언급했듯이 아이들 간 수준차가 가장 문제시 되는 교과 중 하나입니다. 그러다 보니 교사들 입장에서는 여간 힘든 수업이 아닐 수 없습니다. 이 문제를 근본적으로 해결하려면 어떻게 해야 할까요?

만일 교사가 이 문제를 해결하기 위해 합리적인 교육방법을 선택한다면 칠판 앞에서 분필가루를 날리며 아주 명쾌하게 설명하길 반복할 것입니다. 왜냐하면 교사가 직접 설명하는 것이 아이들 전체에게 더 유익할 거라고 생각하기 때문입니다. 또한 합리적인 교육방법은 부족한 수학수업시간을 단축할 수 있으며, 교사 스스로 멋지게 설명하면 할수록 교사의 자존감에 대한 보상심리도 작동할 수 있습니다. 하지만 이런 수업은 교사 본인의 만족감은 얻을 수 있을지 몰라도 아이들 측면에서 바라보면 허점이 많은 수업입니다. 아이들이 참여할 공간이 없고 단순히 듣기만 하는 강의식 수업이 될 확률이 높다는 점을 기억해야 합니다.

반대로 교사가 수학수업의 수준차를 해결하기 위해 효율적인 교육방법을 선택한다면 아이들 스스로 지혜를 나누는 협력수업이 되도록 노력할 것입니다. 장기적인 안목으로 볼 때 교사보다 아이들이 수학수업의 전면에 나서는 것이 더 효과적이기 때문입니다. 아이들이 수업의 전면에 나선다는 것은 아이들 스스로 배움의 주체가 된다는 뜻이기도 합니다. 사실 수업의 목적은 교사의 가르침이 아니라 학생의 배움에 있습니다. 그럼에도 불구하고 수업이 교사의 가르침에 치우치는 이유는 지금까지의 우리 교육에 있어 효율성보다 합리성을 옹호한 사회 전반의 분위기 때문일 것입니다. 하지만 아이들이 수학수업의 전면에 나설 수 있도록 교사가 보다 협력적인 분위기를 형성해간다면 분명 교육의 효율성이 부각되기 시작할 것입니다.

교육의 효율성을 부각시키려면 다수의 아이들을 참여시키는 수업이 되어야 합니다. 다수의 아이들을 수업에 참여시키려면 교사의 기다림이 필요합니다. 아이들 간 상호작용을 통해 모두가 이해할 때까지 보다 협력적으로 수업을 구성해야 하기 때문입니다. 빠른 길이 아니라 멀리 돌아가는 길이기 때문에 엘리트 그룹에 속한 아이들 입장에서는 답답한 길이기도 할 것입니다. 그러나 결코 그렇지 않습니다. 모든 친구들과 함께 걸어가야 한다는 배움의 공동체정신이 확고해진다면 자신이 이해한 내용을 친구들에게 잘 설명할 것입니다. 그 설명은 친구를 위한 배려와 협력이 되면서 동시에 본인의 실력을 더욱 견고히 세우는 기회가 될 것입니다.

배움에 있어 경쟁은 친구 간의 우정을 깨트릴 수 있지만 배려와 협력은 학습공동체를 세워주고 모두가 상생할 수 있는 행복한 교실을 열어줄 것입니다. 보다 멀리 가려면 협력해야 합니다. 아이들과 상호 협력하려면 최소한의 기다림이 필요합니다. 교사가 제시하는 문제를 아이들 스스로 협력하여 해결할 수 있도록 조금 더 여유를 갖고 기다려주어야 합니다. 교사의 작은 동기부여와 기다림의 여유가 위대한 성찰협력수업으로 이어질 것입니다.

[1] 문화적 리터러시(literacy)란 21세기가 요구하는 다차원적인 문화적 능력과 문자언어를 읽고 쓰는 능력 및 이를 통해 습득된 교육을 포괄하는 개념이라고 할 수 있다.

학습공동체의 비밀 키워드 3가지: 존재감, 소속감, 자신감

학습공동체의 비밀을 풀 수 있는 3가지 키워드에 주목하라.

이번에는 아이들의 관심과 사랑에 대한 이야기로 화제를 돌려보려고 합니다. 왜냐하면 아이들이 참여하는 성찰적 협력수업을 전개하려면 아이들 간 신뢰가 먼저 형성되어야 가능하기 때문입니다. 학급 아이들 모두 손을 잡고 함께 배움을 일으키려면 모두가 학습공동체의 일원이 되어야 합니다. 수업을 통해 아이들을 관찰해보면 이런 학습공동체성이 잘 구축된 학급을 만나곤 합니다. 이런 학급은 '우리는 하나'라는 인식이 뚜렷하여 수업시간에도 서로를 도와주며 지지해주려는 움직임을 보입니다. 그러다 보니 아이들 스스로 지혜를 나누는 협력수업을 적용해보면 협력의 정신이 자연스럽게 스며드는 것을 볼 수 있습니다. 그러나 반대로 학습공동체성이 구축되지 않은 학급은 바로 옆에 붙어 있는 짝과 협력하는 것도 어색해합니다. 이 아이들에게 섣불리 협력수업을 적용하면 자칫 싸움이 일어날 수도 있습니다.

그럼 어떤 학급이 학습공동체성을 잘 구축하는 것일까요? 또 학습공동체성이 구축된 학급의 아이들은 어떤 특징을 지니고 있는 것일까요? 이 궁금증을 해결하기 위해 학습공동체성이 잘 구축되어 있는 몇 개의 학급을 중점적으로 관찰해보았습니다. 그 결과 관찰 학급에서 학습공동체성의 비밀을 풀 수 있는 3가지 키워드를 찾아낼 수 있었습니다. 그건 바로 존재감, 소속감 그리고 자신감이었습니다. 지금부터 이 3가지 키워드를 선생님과 아이들이 어떻게 풀어가고 있는지 이야기하려고 합니다.

존재감

먼저 요즘 우리 아이들이 죽기 살기로 지키는 존재감에 대한 이야기입니다. 존재감을 우리 아이들이 죽기 살기로 지킨다? 너무 과격하다고요? 맞습니다. 좀 거친 표현이지요. 그만큼 우리 아이들에게 존재감이란 자기 목숨처럼 소중히 지키는 것 중 하나입니다. 아이들은 학교에 등교하는 순간 자신이 입어야 할 캐릭터 옷을 입습니다. 여기에서 말하는 '캐릭터 옷'이란 아이들끼리 만든 가상의 옷으로 교실 내 자기의 위치 또는 역할과도 같은 것입니다. 보통은 자신이 타고난 학습유형을 따라가는 경향이 짙습니다.

예를 들어 행동이상형 아이는 재치 넘치는 말썽쟁이 역할을 선택하곤 합니다. 학급에서 재치 있는 입담으로 친구들을 자주 웃겨주는 역할을 맡습니다. 또 규범탐구형 아이는 자기 스스로 원리원칙을 지닌 엄정한 심판관 역할을 좋아합니다. 이런 친구들은 기억력이 뛰어나고 인내력이 강하며 친구들 사이에서 논리적이고 분석적인 일을 도맡아 합니다. 그런가

하면 조용하고 착하며 마음이 여리고 따뜻한 규범이상형 캐릭터를 선택하는 아이들도 있습니다. 이 아이들은 봉사정신이 강하고 헌신적이기 때문에 학급의 궂은일을 묵묵히 실천하는 역할을 합니다. 어떤 아이는 독특하고 개성이 매우 강한 탐구이상형 캐릭터 옷을 입기도 합니다. 이 옷을 입으면 자기만의 방식으로 소통하고 싶어 하며 선생님 생각이 옳지만 자기만의 색깔을 자주 주장하는 버릇이 생깁니다.

아이들이 저마다 이런 캐릭터 옷을 입는 이유는 자기만의 존재감을 드러내기 위해서입니다. 아이들은 존재감을 통해 교실에서 자기의 위치와 역할을 정하고 자신이 원하는 친구들과 원만한 관계를 유지합니다. 아이들의 이런 존재감은 학교 안과 밖에서 지속되며 특히 교실 내에서 극대화됩니다. 만일 자신이 설정한 존재감이 친구들로부터 외면당하거나 무시당한다면 심각한 상처를 받기도 합니다. 또는 친구들을 배려하지 않고 자기만의 존재감을 드러내려다 친구들과 충돌하는 경우도 있습니다. 그래서 대부분의 성장기 아이들은 자기만의 영역을 설정하여 존재감을 지키기 위해 노력합니다. 즉 아이들에게 존재감이란 친구관계에서 살아남기 위한 몸부림 같은 것입니다. 이런 아이들의 몸부림은 수업시간에도 이어집니다. 교실 내 학습공동체를 잘 구축한 학급은 아이들의 이런 존재감이 잘 조율되어 있는 모습을 볼 수 있습니다. 학급에 따라 아이들이 입고 있는 캐릭터 옷들은 다양합니다. 우리가 주목할 점은 교사도 아이들처럼 자기만의 캐릭터 옷을 입고 있다는 점입니다. 특히 교사는 학습공동체를 구축하는 데 절대적인 역할을 합니다. 학급 담임교사의 캐릭터 옷과 아이들이 입고 있는 캐릭터 옷들이 조화를 이룰 때 학습공동체는 더욱 견고해지는 모습을 볼 수 있습니다.

소속감

두 번째로 학습공동체가 잘 구축된 학급의 아이들은 특별한 소속감을 갖고 있다는 것을 알 수 있습니다. 소속감이란 자신이 어떤 집단에 소속되어 있다는 느낌으로 아이들이 학습공동체의 일원이 되는 데 필수조건이 됩니다. 학습공동체에 소속감을 가진 아이들은 동시에 어릴 적 엄마 품에 안겨 있는 것 같은 안정감을 갖습니다. 이 아이들은 개인적인 문제에 직면할 때에도 자신의 학습공동체를 찾아들어옵니다. 학습공동체에서 자신의 문제까지 해결해줄 거라는 믿음을 가지고 있기 때문입니다. 하지만 소속감이 없는 아이들은 학습공동체에 대한 신뢰가 무너져 있기 때문에 공동체가 아닌 외부의 힘을 빌려 해결하려고 합니다. 대표적으로 아이들이 학교폭력에 휘말리는 경우 이 소속감이 어느 정도냐에 따라 문제해결에 대한 접근 방식에 차이를 보입니다. 소속감이 있는 아이들은 학습공동체를 신뢰하고 교실 내에서 선생님과 친구들의 도움을 받아 해결하려 합니다. 그러나 소속감이 없는 아이들은 문제의 시발점이 학습공동체에 있다고 보고 오히려 학습공동체를 원망하거나 공격하려는 성향을 보이기도 합니다.

학습공동체에 대한 아이들의 소속감은 수업시간에도 고스란히 드러납니다. 수업시간은 아이들이 함께 풀어가야 할 문제들이 산적해 있습니다. 때론 궁극적인 문제해결을 위해 공동체가 함께 협력하여 토의활동을 전개해야 합니다. 이럴 때 아이들 간 소속감이 돈독하다면 학습공동체에 들어온 문제가 생각지도 못할 정도로 쉽게 해결의 실마리를 찾곤 합니다. 하지만 소속감이 결여되어 있는 상황에서 문제가 주어진다면 아이들 간에 감추어져 있던 생각의 차이만 불거지게 됩니다. 이런 생각의 차이는 앞에서 살펴본 아이들의 존재감과 충돌하여 보이지 않는 문제로 곪아가는 원인을 제공하기도 합니다. 따라서 성찰적 협력수업을 이루기 위해서는 우선 아이들이 학습공동체에 소속감을 갖도록 학급 세우기를 해야 합니다.

학급 세우기란 아이들 각자가 지닌 존재감을 한데 모아 학습공동체의 일원이 되도록 이끌어주는 일련의 과정을 의미합니다. 학급 세우기는 교사가 의도성을 가지고 아이들에게 접근할 필요가 있습니다. 예를 들어 '밀알두레반, 꿈나래반, 두날개반' 등 우리 학급만의 고유 이름을 부여하고 좋은 학습공동체를 만들기 위해 친구들과 함께 노력할 학급 약속 등을 세우는 활동이 있습니다. 또는 학급운영이나 수업시간에 아이들이 주도적으로 참여할 수 있도록 '섬김이, 도우미, 칭찬이' 등 아이들의 존재감을 활용할 수 있는 적절한 역할을 부여하는 것도 좋은 방법이 됩니다. 더 나아가 '우리는 하나'라는 학습공동체성을 명확하게 세우기 위한 '부자캠프, 학급등반, 양로원봉사' 등 보다 실천적인 학급 세우기 활동들도 도움이 많이 됩니다. 단, 주의할 점은 어떠한 학급 세우기 활동을 하든 교사만의 계획과 실현이 아닌 아이들과 함께 협력하여 구상하고 실천해야 한다는 점입니다. 이런 학급 세우기 활동부터 아이들의 협력이 이루어진다면 수업시간에도 성찰적 협력수업이 자연스럽게 이루어질 것입니다.

자신감

마지막 세 번째는 학습공동체를 이룰 수 있다는 자신감입니다. 여기에서 자신감이란 좋은 학습공동체를 만들 수 있다는 교사와 아이들의 도전정신을 의미합니다. 사실 학습공동체 정신은 눈에 잡히지 않는 무채색의 특정 개념입니다. 하지만 여기에 교사와 아이들의 도전정신으로 색칠해 간다면 자신감이 충만한 학습공동체가 만들어지는 것을 볼 수 있습니다. 우리가 이루려는 성찰협력수업은 교사와 아이들에게 있어 단순히 편한 수업을 의미하는 것이 아닙니다. 교사 입장에서는 끊임없이 아이들을 독려해야 하며 학습공동체에 대한 긍정적인 마인드를 갖도록 이끌어 주어야 합니다. 또 아이들 입장에서는 자신의 존재감보다 친구의 존재감을 먼저 배려해주고 격려해주는 협력적인 지지활동을 전개해야 합니다. 아직 학습공동체를 구축해본 경험이 없는 교사와 아이들 입장에서는 이런 노력 자체가 도전적일 수 있습니다. 기존의 전통적인 교실에 비하면 학습공동체 정신이 살아 있는 교실로 만든다는 건 또 다른 실험일 수도 있습니다.

교사와 아이들의 이런 시도는 학습공동체를 이룬다는 작은 자신감에서부터 출발합니다. 교사의 경우 멋진 학습공동체를 만들기 위해 치밀한 사전준비와 계획을 세워 도전하면 생각보다 쉽게 자신감을 가질 수 있습니다. 그러나 아이들의 경우는 조금 다릅니다. 대부분 학습공동체의 시작은 교사의 요청으로 시작됩니다. 아무래도 아이들은 교사에 비해 피동적이 될 수밖에 없습니다. 때론 학습공동체를 굳이 구축해야 할 당위성을 전혀 느끼지 못하는 아이들도 있습니다. 이런 아이들을 독려하여 학습공동체의 일원이 되도록 만든다는 건 교사입장에서 보면 무척이나 두렵고 떨리는 작업일 수도 있습니다. 이를 극복하는 방법이 궁금한가요? 가장 좋은 방법은 먼저 교사와 생각을 같이하는 발 빠른 아이들을 찾는 것입니다. 학급에 따라 이런 교사의 요청을 기다리는 아이들이 있습니다. 바로 교사와 학습유형이 닮은 아이들입니다. 교사와 학습유형이 비슷하다 보니 교사의 설명을 가장 먼저 이해하고 받아들이지요. 경우에 따라서는 오랜 시간이 지나야 학습공동체의 필요성을 인정하는 아이들도 있지만 대부분의 아이들은 적극적으로 참여하는 아이들을 보며 따라올 것입니다. 학습공동체를 긍정적으로 만들어가려는 교사와 이에 동조하는 소수의 아이들이 얼마나 자신감 있게 추진하느냐에 그 성패가 달려 있습니다.

05 교사성찰 + 수업유형 = 협력수업

수업의 부작용을 막기 위해 교사의 수업유형을 넘어 협력의 길을 모색해야 합니다.

엄밀히 말하면 성찰협력수업의 가장 큰 변수는 역시 교사입니다. 교사가 얼마나 수업을 충실하게 성찰하고 아이들의 학습유형이 아름다운 하모니를 이루도록 잘 지휘하느냐에 따라 수업의 질이 달라집니다. 수업을 통해 아이들에게서 학습유형이 나타난다면 교사에게는 수업유형이 드러납니다. 수업유형은 교사가 수업할 때 갖는 태도나 마음가짐으로 교사의 성격 특성에 따라 다양한 모습을 보입니다. 그런데 이 다양한 모습이 때론 학생들의 학습유형과 어긋나 불협화음을 만들기도 합니다. 그 불협화음을 줄이고 아름다운 하모니를 만들려면 교사 스스로 자신의 수업유형을 성찰하는 시간을 가져야 합니다. 그러나 교사 스스로 성찰하기란 쉽지 않습니다. 그래서 지혜를 나누는 협력이 필요합니다. 좋은 수업을 만들기 위해 아이들과 협력적인 수업을 계획하는 것처럼 자신의 수업유형을 성찰하기 위해 동료교사와의 지속적인 수업협력이 필요한 것입니다.

수업을 위해 1학년 복도를 지날 때의 일입니다. 쉬는 시간 종소리가 나자 1학년 아이들이 우르르 쏟아져 나옵니다. 1학년 아이들의 천진난만한 목소리와 함께 복도는 어느새 시장통처럼 시끄럽게 변해버립니다. 그런데 유독 쥐 죽은 듯이 조용한 복도가 있습니다. 더 희한한 건 그 교실 아이들이 복도로 나올 때 뒷짐을 지고 까치발로 걸어 다니는 모습입니다. 하도 신기해서 선생님이 누구신지 복도창가를 넘어 살짝 들여다보았습니다. 선생님의 표정을 보니 철두철미한 꼼꼼쟁이 규범형 선생님입니다. 규범형 선생님의 엄격함이 1학년 아이들에게 질서와 규칙 그리고 책임과 예의 등을 강조한 것이죠. 아이들은 교실에서 규범형 선생님과 오전 내내 수업을 받아야 하기에 대부분 착한 아이 캐릭터 옷을 입기 시작합니다. 하지만 저학년 아이들의 이런 착한 아이 캐릭터는 수업시간의 활발함을 떨어트리는 부작용을 낳기도 합니다. 즉 아이들의 협력적인 활동이 위축될 수 있다는 점에 주의해야 합니다.

그러나 고학년 아이들의 경우는 약간 다를 수 있습니다. 고학년 아이들은 규범형 선생님의 엄격함을 통해 오히려 안정감을 얻는 경우가 많습니다. 선생님의 적절한 통제가 교실 내 아이들의 질서를 잡아주는 역할을 합니다. 특히 규범형 아이들은 선생님의 냉철한 카리스마에 예의바른 모범생 캐릭터를 자처하고 나섭니다. 또 이 교실에 가슴 따뜻한 이상형 아이들이 많다면 규범형 선생님을 동정하며 규범형 아이들과 함께 보다 협력적인 모습을 보이기도 합니다. 하지만 모든 규범형 선생님이 협력적인 수업을 이끌어주는 것은 아닙니다. 규범형 선생님의 수업유형을 보다 협력적으로 전개하려면 오케스트라의 지휘자처럼 아이들이 각각의 아름다운 소리를 낼 수 있도록 지속적인 노력이 필요합니다. 수업이라는 오케스트라에서 아이들 각자 자기만의 재능을 발현하고, 같은 악기들끼리 동일한 음색을 내는 것처럼 수업에서도 서로 협연할 수 있도록 지휘해주어야 합니다.

안타깝게도 수업 중 아이들의 협력을 이끌어내는 것을 힘겨워하는 선생님들이 있습니다. 고학년 교실에서는 가슴 따뜻한 이상형 선생님들이 그런 경우가 많습니다. 이상형 선생님은 체질적으로 과장되거나 거짓된 모습을 매우 싫어하고 경쟁보다 조화를 선호합니다. 그러다 보니 아이들 개인별로 친절하게 배려해주며 실수했을 때에도 용기와 격려를 주는 등 인간 중심적인 학급운영을 합니다. 아이들 지도에 있어서도 늘 민주적이고 학생 참여적인 학급운영을 추구하기 때문에 협력수업을 잘 전개할 것으로 보입니다. 그렇지만 이런 이상적인 수업유형은 행동 성향이 더욱 두드러지는 고학년 아이들과 만났을 때 오히려 상처를 받기도 합니다. 이상형 선생님은 늘 자아실현을 갈망하는 스타일로 아이들을 지도할 때에도 진실된 자신을 추구하도록 가르치지만 행동형 아이들은 선생님의 이런 이상을 그냥 받아들이지는 않습니다. 따라서 이상형 선생님이 고학년 아이들을 지도할 때에는 자신에게 부족한 엄격함을 쥐어짤 필요가 있습니다. 여기에서 굳이 쥐어짠다는 표현을 쓰는 건 그만큼 이상형 선생님의 수업유형에서 엄격함을 끄집어내기가 쉽지 않기 때문입니다. 아이들이 서로 지혜를 나누는 성찰협력수업을 잘 이루려면 교실 내 최소한의 질서를 똑바로 세워주어야 합니다.

고학년 아이들을 지도하는 이상형 선생님들 중 가장 힘든 경우는 이전년도에 저학년 아이들을 지도했던 선생님들입니다. 특히 고학년 아이들을 저학년 다루듯이 경어 중심으로만 지도하는 분들이 그런 경우입니다. 심지어 수업태도가 불량하여 아이들을 혼낼 때에도 이상형 선생님은 경어를 사용합니다. 저학년 아이들은 선생님의 권위가 상대적으로 크기 때문에 경어 중심으로 수업을 지도하는 것이 바람직합니다. 하지만 고학년 아이들은 교사의 권위를 넘보거나 무시하는 경향이 있어 경어보다 평어 중심의 수업을 전개하는 것이 좋을 때가 많습니다. 수업의 모든 상황이 그런 것은 아니지만 규범형 선생님처럼 엄격함을 내세우기가 어려운 이상형 선생님은 깊이 생각해볼 문제입니다. 특히 한 해 동안 고학년 아이들을 지도해야 하는 담임선생님이 이상형이라면 엄격함을 의도적으로 보여줄 필요가 있습니다. 만일 이상형 선생님이 고학년 아이들을 협력적으로 이끌어주어야 할 시점을 놓친다면 학년 말로 다가갈수록 걷잡을 수 없이 힘든 상황에 마주 서기도 합니다. 이상형 선생님은 때로 이런 상황을 견디지 못해 회피하거나 포기하는 사례도 있습니다.

이러한 부작용을 막기 위해서 교사가 자신의 수업유형을 넘어서려는 노력이 필요합니다. 성찰협력수업의 중요한 열쇠는 아이들이지만 그 아이들을 지도하는 건 선생님입니다. 선생님의 수업유형과 아이들의 학습유형이 어떻게 조화를 이루어 협력할지 구체적인 성찰이 필요합니다.

행동지수만 아주 높은 한 선생님의 사례를 예를 들어 살펴보겠습니다. 행동지수가 높은 아이들은 교실에서 천방지축 문제아로 낙인찍히는 경우가 많이 있습니다. 하지만 행동형 아이가 성장하여 교사가 된다면 상황은 달라집니다. 학생시절 문제아 때 보였던 에너지가 학급운영과 수업지도에서는 파워에너지로 변해 과감성과 신속성을 갖게 됩니다. 학생이 아닌 행동형 교사로서 갖는 과감성은 일반 교사들이 미처 생각하지 못한 기발함과 새로운 도전으로 가득 넘칩니다. 거기에 행동형 교사로서의 신속성까지 맞물려 수업은 그야말로 경쟁과 모험이 가득한 체험 중심 수업으로 급속히 전개되곤 합니다. 그러나 이런 행동형 선생님들이 놓치는 것이 있습니다. 수업에 있어서도 과감성과 신속성을 추구하다 보니 당연히 완벽성과 정확성은 부족해진다는 점입니다. 수업의 시작은 어드벤처가 넘쳐 행동형 아이들의 시선을 끌지만 마지막 수업정리가 안 되다 보니 규범형 아이들로부터 원성을 삽니다. 탐구형 아이들 입장에서 보면 수업을 통해 더 깊이 파고 들어가지 못해 아쉽습니다. 이상형 아이들의 경우에는 수업시간에 보다 더 세밀하게 관심 받고 싶어 하기 때문에 행동형 선생님이 벌여 놓는 어드벤처 수업이 마냥 좋지만은 않습니다.

이처럼 규칙이나 틀에서 벗어난 자유로운 수업을 추구하는 행동형 선생님의 수업유형 하나만 보아도 우리가 생각해야 할 점들이 많습니다. 그래서 성찰협력수업을 하려면 교사 스스로 자신의 수업유형을 먼저 살펴보고 우리 교실 아이들의 학습유형에 비춰보고 미처 간과하고 있는 지점은 없는지 점검하는 것이 필요하다고 말하는 것입니다. 하지만 천성적으로 타고난 자신의 수업유형을 자기 스스로 보완하기란 거의 불가능합니다. 그래서 늘 미래보다 현재를 중시하는 행동형 선생님의 경우 내일을 체계적으로 준비하는 규범형 선생님과 협력할 때 또 다른 성찰협력수업을 경험할 수 있습니다. 반대로 오늘 수업에 몰입하는 능력이 뛰어난 행동형 선생님의 기발한 아이디어와 실천력은 늘 걱정이 앞서는 규범형 선생님에게 신속성을 배울 기회를 줄 것입니다.

그럼 탐구형 선생님과 이상형 선생님이 협력하면 어떤 시너지 효과를 얻을 수 있을까요? 보통 호기심이 가득 넘치는 탐구형 선생님은 주제가 있는 토론식 수업을 좋아합니다. 또한 수업을 통해 아이들의 지적계발을 원하고 끊임없이 의문을 던져 예측해보고 설명하길 권유합니다. 그러나 탐구형 선생님의 경우 다소 외곬적인 면이 있어 수업에 몰입하다 보면 미처 학습내용을 따라오지 못하는 아이들을 간과하기도 합니다. 즉 교실 내 아이들 모두를 아우르는 협력을 이끌어내기가 쉽지 않습니다. 이때 이상형 선생님과 협력한다면 탐구형 선생님이 미처 생각하지 못한 섬세한 부분을 보완할 수 있습니다. 이상형 선생님은 아이들 관계를 세심하게 살펴가며 상호 협력활동에 어려움을 겪는 아이들을 어떻게 도와주어야 할지 방법을 알려줄 것입니다. 탐구형 선생님과 이상형 선생님의 공통점도 있습니다. 두 선생님 모두 움직임이 별로 없고 자기만의 동굴 속에 빠져 있을 때가 있습니다. 물론 탐구형 선생님은 수업에서 호기심을 좇아가고 이상형 선생님은 자아실현을 추구하지만 두 경우 모두 협력을 위한 소통의 기회로 삼는다면 서로에게 큰 힘이 될 것입니다.

협력수업, 동료교사의 눈높이를 맞춰라

수업을 가장 자세히 보려면 협력을 통해 낮게 나는 연습을 해야 합니다.

"가장 높이 나는 새가 가장 멀리 본다."

소설가 리처드 바크의 《갈매기의 꿈》에 나오는 구절입니다. 보통 자신만의 꿈과 이상을 간직하며 살라는 의미로 해석되곤 합니다. 우리가 고민하고 있는 수업에 적용하자면 나만의 멋진 수업을 전개하는 것이 중요하다고 볼 수도 있을 것입니다. 그러나 이 말은 현재 꿈과 이상을 잃어버린 채 방황하는 사람에게는 부담만 되는 말일 것입니다. 꿈과 이상은커녕 현실마저도 버거워 숨을 몰아쉬어야 겨우 살아갈 수 있는 사람에게 이런 꿈들은 어쩌면 사치일 수도 있습니다. 교실 현장에서도 정말 멋진 수업 작품을 만들어내는 선생님들이 있습니다. 그야말로 수업을 통해 자기만의 멋진 꿈과 이상을 그려나갑니다. 그러나 이 멋진 수업이 참관하는 교사들 모두에게 희망을 주는 것은 아닙니다. 수업은 둘째 치고 아이들과의 상호작용 자체가 어려워 학급운영이 마비되기 직전인 교실도 있습니다. 멋진 수업을 구상하는 것보다 수업을 통해 아이들과 진솔하게 만날 수 있는 단순한 방법이 더 절실한 교실일 것입니다. 현재 좋은 수업의 꿈과 이상이 부담되는 교실이라면 이런 구절을 떠올려보면 어떨까요?

"가장 낮게 나는 새가 가장 자세히 본다."

나만의 멋진 수업이라는 '작품'에만 집중한다면 현재 자신이 어디에 있는지조차 알지 못할 수도 있습니다. 지금 내가 전개하고 있는 이 수업을 가장 자세히 보려면 협력을 통해 낮게 나는 연습을 해야 합니다. 아무리 부족한 수업이라도 모두가 함께 날아올라 자세히 살펴본다면 우리가 미처 알아채지 못했던 아이들의 눈빛까지도 읽어낼 수 있을 것입니다. 그 눈빛을 통해 아이들이 하고 싶은 말이 무엇인지 그 작은 목소리에 귀를 기울이는 것 자체가 바로 협력의 시작입니다. 수업을 협력으로 자세히 바라본다는 건 나의 수업유형을 잠시 내려놓고 다른 성격특성을 지닌 선생님들의 겸허한 목소리에 귀를 기울이는 것입니다. 지금 내가 높이 날아올라 멀리 바라보는 수업만 하고 있다면, 이제 조금은 느리지만 내 수업을 자세히 바라보는 협력훈련을 고려해봐야 합니다.

다른 여러 선생님들과 함께 내 수업을 찬찬히 살펴보고 수업성찰과 협력수업을 이야기한다는 건 사실 부담스럽습니다. 하지만 이런 부담을 내려놓고 다른 사람들의 목소리에 귀를 기울일 때 위대한 성찰협력수업이 시작될 것입니다. 누구나 자신이 볼 수 있는 것만 봅니다. 수업 역시 높이 날아올라 멀리 바라보는 사람은 수업이라는 산의 전체적인 능선을 한눈에 바라볼 수 있습니다. 그러나 그 능선을 이루고 있는 나무 한 그루 한 그루의 생김새를 관찰할 수는 없습니다. 성찰협력수업을 이루려면 먼저 낮게 날아올라 주요 대상인 아이들 한 명 한 명의 움직임을 관찰한 후, 다시 높게 날아올라 수업의 전체적인 흐름과 구성을 읽을 줄 알아야 합니다. 수업을 바라보는 이런 종합적인 안목을 기르기 위해 교사들의 성찰협력적인 접근이 필요합니다.

수업을 바라보는 성찰협력적인 안목은 세 가지 관점으로 나누어 살펴볼 수 있습니다.[1]

첫 번째는 수업의 구성 자체를 비평적인 관점으로 바라보기입니다. 비평적인 관점을 갖는다는 건 수업을 객관적인 눈으로 성찰해보는 것으로, 수업의 계획부터 실행에 이르기까지 전 과정의 흐름을 분석적으로 읽기 위해 노력하는 과정을 말합니다. 이때 중요한 것은 수업협력자의 안목을 내세워 일방적으로 접근하기보다는 수업자의 상황을 최대한 존중해주는 자세입니다. 수업을 보다 거시적인 관점에서 바라볼 수 있도록 조력할 때는 수업자의 손을 붙들고 일방적으로 끌고 가는 것이 아니라 수업자 스스로 높이 날아오를 수 있도록 격려해주어야 합니다. 만일 날개에 힘이 없어서 높이 날아오르지 못한다면 그때 먼저 날아올라 바람의 저항을 막아주는 방법을 사용하는 것이 좋습니다. 예를 들면 수업자가 수업을 전개할 때 나타난 몰입의 기제가 무엇인지를 함께 성찰해주면 도움이 됩니다. 또는 수업자가 수업에서 의도한 배움의 과정은 무엇인지 그 과정을 되짚어주는 것도 효과가 있습니다. 때로는 수업을 관찰해도 수업자가 본 수업에서 깊이 나누고 싶은 지점이 무엇인지 잘 이해가 되지 않을 수도 있습니다. 그럴 때는 겸손히 수업활동에 대한 의문점 등을 물어보고 아이들의 배움을 활성화하기 위해 어떤 계획을 전개했는지 이야기하는 것도 좋습니다. 이렇게 수업을 비평적인 관점에서 바라보려는 노력들은 수업자와 수업협력자 모두에게 유익한 시간을 제공해줄 것입니다.

두 번째는 교사의 가르침이 아이들의 배움으로 어떻게 연결되는지 배움의 관점으로 바라보기입니다. 수업자가 수업을 하는 궁극적인 이유는 멋진 가르침을 선보이는 것이라기보다 아이들에게 필요한 배움을 유발시키는 것입니다. 그러나 수업을 나누다 보면 수업담론의 주요 핵심인 아이들이 배제되는 경우가 종종 있습니다. 그 아이들을 수업담론에서 배움의 관점으로 다시 세워야 합니다. 특히 수업을 통해 아이들이 배움의 과정을 어떻게 그려 가고 있는지 그 동선을 따라갈 필요가 있습니다. 수업을 하다 보면 배움이 크게 일어나는 아이들이 있는가 하면 반대로 배움에서 소외되는 아이들도 생깁니다. 교실의 아이들 모두가 배움이 크게 활성화되면 좋지만 의외의 결과가 나올 때도 있습니다. 이런 배움의 과정은 수업의 전체적인 연장선상에서 바라봐야 합니다. 한 차시 수업을 통해 아이들의 배움과정이 모두 드러나지는 않기 때문이죠. 따라서 수업을 통해 아이들의 배움이 어떻게 표출되었다고 생각하는지 수업자와 긴밀한 대화를 나누는 것이 바람직합니다. 아무래도 수업을 진행해온 수업자가 아이들의 배움과정을 가장 잘 알고 있기 때문입니다. 다만 배움이 크게 만들어지는 지점이나 배움을 크게 활성화시킬 수 있는 전략 등에 대해서는 협력이 필요합니다. 교실 아이들을 가장 잘 이해하는 건 수업자이지만 그 아이들에게 배움을 크게 활성화시키려면 또 다른 시각에서 바라볼 필요가 있습니다. 수업을 진행하면서 아이들 전체의 배움과정을 읽어내는 데 어려움을 겪는 수업자의 경우 협력교사의 안목이 도움이 될 것입니다.

세 번째는 수업을 진행하는 교사의 마음상태가 어떻게 변화되는지 교사 내면의 관점으로 바라보기입니다. 수업은 가르치는 자와 배우는 자 그리고 배우는 자들 간의 끊임없는 상호작용으로 이루어집니다. 그 상호작용이 항상 원만하게 이루어지면 좋겠지만 모든 수업에서 긍정적인 상태로 유지되는 것은 아닙니다. 따라서 수업을 협력적인 관점으로 접근하려면 교사 내면 깊은 곳에서 일렁이는 작은 파도를 읽어주어야 합니다. 특히 동료교사들에게 수업을 공개하는 경우 상호작용의 측면에서 그동안 잠재되어 있었던 문제 요인들이 불거지는 경우가 종종 있습니다. 수업시간에 이런 크고 작은 문제들을 직면해야 하는 교사의 내면은 여러 갈래길로 나뉘게 됩니다. 이때 수업을 참관하는 동료교사들이 교사의 내면을 읽어준다면 성찰협력수업에 대해 보다 우호적으로 생각하게 될 것입니다. 조금 더 구체적으로 보면 교사 내면의 관점으로 수업을 바라본다는 것은 수업을 통해 아이들이 자신감을 갖는 지점을 같이 찾아주는 것을 의미합니다. 또는 교사가 수업을 통해 배움을 만들어가는 과정에서 두려움을 갖는 지점이 어디인지를 협의하는 것도 중요합니다. 수업을 진행하다 보면 교사의 가르침과 학생의 배움이 초점을 잃고 어긋나는 경우가 있습니다. 이때 일방적인 방법으로 동료교사를 가르치려고 하기보다 교사 내면의 관점에서 수업을 성찰할 수 있도록 조력해주는 자세가 필요합니다. 협력교사들의 이런 조력활동은 교사가 수업을 진행할 때의 다양한 두려움을 극복하고 자신감을 회복할 수 있는 계기를 마련해줄 것입니다.

[1] 성찰협력적인 안목의 세 가지 관점은 ≪교사, 수업에서 나를 만나다≫(김태현 저, 좋은교사)에서 제시한 종합적인 수업 보기틀을 사용했다.

생각을 여는 수업성찰

※ 지금 나를 돌아보는 시간을 가져보세요. 또는 가장 기억에 남는 글을 적어보세요.

01. 최근에 선생님이 만들어준 여백은 무엇인가요?

02. 꼬마교사들의 활약상을 이야기해주세요.

03. 선생님을 도와주는 협력자는 누구인가요?

04. 존재감, 소속감, 자신감 중 어디에 주목하고 있나요?

05. 선생님을 가장 잘 이해하고 따라오는 아이들은 누구인가요?

06. 아이들과 협력하며 수업을 천천히 지도한 경험이 있나요?

지혜를 나누는 협력수업

※ 협력으로 깨울 수 있는 건 무엇일까요? 함께 나누고 싶은 이야기를 적어보세요.

Special page

성찰협력수업 이야기: 주장하는 글을 넘어 UCC로!

톡톡 튀는 아이들의 UCC 만들기를 살펴보자.
성찰협력수업: 살아 있는 중심생각 – 주장과 설득

수업재구성의 방향

본 국어수업 재구성 단원은 6학년 1학기 국어과 9단원 '주장과 근거' 1~2차시를 논술수업과 통합하여 4차시로 재구성한 단원이다. 본 단원 성취기준에 따른 재구성의 방향은 첫째, 우리 주변의 문제를 아이들 스스로 찾아보고 주장이 있는 글쓰기를 하도록 한다. 둘째, 친구와 함께 쓴 글의 짜임에서 중심생각을 찾아 발표한다. 셋째, 친구들과 협업하여 함께 제작한 UCC의 짜임을 알아보고 논설문의 특성을 이해한다.

수업재구성의 의도

이번 수업재구성 단원은 '살아 있는 중심생각'이라는 주제로 국어수업을 논술수업과 융합하여, 6학년 아이들이 우리 주변의 문제를 찾아 친구구들과 함께 UCC를 제작하고 발표하는 활동으로 재구성하였습니다. 그 중 2차시(본시)는 전 차시에서 팀별로 정한 우리 주변의 문제점을 주장하는 글쓰기의 4단계(주장하기-문제제기-근거제시-주장다지기)의 짜임에 맞게 잘 작성하였는지 알아보는 활동으로 구성하였습니다. 이를 위해 이전 차시에서 각 팀별로 우리 주변의 문제점에 대해 자유롭게 토의하여 주장하는 글쓰기를 완성해 오도록 협력과제를 주었습니다. 본 차시에서는 이런 협력과제를 최대한 활용하되 교과서의 〈고운 말을 사용합시다〉를 읽고 서론-본론-결론의 짜임과정을 자연스럽게 이해할 수 있도록 하였습니다. 나아가 각 팀에서 작성한 글을 근거로 다음시간에 발표할 UCC를 자유롭게 구상하여 제작할 수 있도록 격려하고자 합니다.

1차시 성찰협력수업

대상	6학년 아이들	장소	6학년 각 교실	수업자	수석교사 정민수
주제	살아 있는 중심생각: 주장과 설득			교과서	국어 38~40쪽
단원목표	주장하는 글의 짜임을 알아보고 UCC를 구상할 수 있다.				
차시주제	우리 주변의 문제를 함께 찾아보기				
수업흐름	⇨ 생각열기: 먹을 때는 알맞게! 버릴 때는 가볍게! ⇨ 목표확인: 우리 주변의 문제를 친구와 함께 찾아보자. ⇨ 전개활동 1: 음식물 쓰레기의 불편한 진실 알아보기 ⇨ 전개활동 2: 친구들과 우리 주변 문제 찾아보기 ⇨ 전개활동 3: 주변 문제를 주장하는 글로 써보기 ⇨ 정리활동: UCC 보고 아이디어 정리하기 ⇨ 협력과제: 팀별로 주변 문제를 찾아 주장하는 글로 작성 후 학급카페에 올리기				

⇨ 생각열기: 먹을 때는 알맞게! 버릴 때는 가볍게!

우리 주변의 문제를 찾아보도록 권유하기 위해 먼저 교과서에 제시되어 있는 한 공익광고 삽화를 보며 이야기를 시작한다. 공익광고의 내용을 모두 설명하기보다 아이들 스스로 이 공익광고가 의도하는 바가 무엇인지를 찾아보도록 한다. 특히 큰 제목으로 나타나 있는 문구 '먹을 때는 알맞게! 버릴 때는 가볍게!'가 뜻하는 바가 무엇인지 발표해 보도록 한다. 또한 공익광고 전면에 부각되어 있는 이미지를 통해 어떠한 메시지를 사람들에게 주고 싶은 것인지 자신의 생각을 자유롭게 나누도록 한다.

최호 아~, 저 알았어요. 그러니까 급식을 받을 때 조금만 받으라는 의미 같아요.

지민 조금만 받으라기보다 자기가 먹을 수 있는 만큼만 받으라는 것 같은데요.

유현 여기 그림을 보니 저울 옆에 돈이 있는 걸로 봐서 음식을 남기면 돈을 남긴다는 것을 말하고 있는 것 같아요.

수원 한마디로 버릴 때는 가볍게! 즉 다 먹고 버리지 말라는 뜻 아닌가요?

수업성찰 아이들이 주고받는 이야기를 듣기만 해도 그 안에 정답이 다 들어 있음을 알 수 있었다. 특히 공익광고의 문구와 이미지를 세밀하게 보는 아이들일수록 이 공익광고가 의도하는 바가 무엇인지 쉽게 알아채는 눈치였다. 하지만 음식물 쓰레기가 우리 주변의 심각한 문제임을 자각시키기 위해 아이들이 점심때마다 먹고 있는 급식에 대해 좀 더 이야기를 나누었다. 실제 그 학급에서 급식을 남기지 않고

다 먹는 아이들은 누가 있는지, 급식을 다 먹지 않는 아이들은 왜 음식물을 많이 남기는지 등 다소 적나라하면서도 현실적인 이야기를 하자 아이들의 눈이 동그래지는 모습을 볼 수 있었다.

⇨ 목표확인: 우리 주변의 문제를 친구와 함께 찾아보자!

1차시는 본 단원의 도입차시로 아이들이 주변의 문제를 친구와 함께 찾아보고 그 문제의 해결을 위해 주장하는 글쓰기를 할 수 있도록 조력하는 데 주요 목적이 있다. 따라서 주장하는 글쓰기의 필요성을 아이들 스스로 인지하기 위해 자기 주변의 문제를 바라볼 수 있도록 사고의 폭을 넓혀주고자 한다. 특히 아이들의 눈높이를 맞추기 위해 교사가 제시하는 문제의식이 아닌 아이들 스스로 발견해가는 문제들을 찾을 수 있도록 조력하고자 한다.

⇨ 전개활동 1: 음식물 쓰레기의 불편한 진실 알아보기

우리 주변의 문제를 아이들 스스로 찾아보게 하기 위해 먼저 앞에서 살펴본 음식물 쓰레기에 대한 화두를 다시 살펴본다. 다음에는 〈음식물 쓰레기의 불편한 진실〉이라는 영상을 보여주고 아이들에게 왜 음식물 쓰레기가 우리 주변의 심각한 문제가 되었는지 이야기를 나누도록 한다.

수업성찰 음식물 쓰레기의 불편한 진실은 아이들이 잊고 있었던 문제를 지적하여 우리 주변의 이런 문제들이 심각하다는 점을 상기시키는 데 목적을 두었다. 영상은 일부분을 발췌하여 보여주고 아이들과 우리 주변의 문제점을 찾아가는 시발점이 되도록 하였다. 일부 학생의 경우 음식물 쓰레기가 모아지는 장면을 역겨워하는 아이도 있어 눈을 감고 소리만 들을 수 있도록 지도하였다. 중요한 건 아이들이 문제의 심각성을 인지하고, 무심코 지나는 우리 생활 주변의 다른 문제를 찾아보도록 유도해야 한다는 점이었다.

▲ 음식물 쓰레기 불편한 진실 〈https://youtu.be/GycNnlG_5yg〉

⇨ 전개활동 2: 친구들과 우리 주변 문제 찾아보기

이번에는 본격적으로 아이들 스스로 우리 주변의 문제를 찾아보는 활동을 하도록 한다. 초등학생이 생각해볼 수 있는 수준의 우리 주변 문제를 찾도록 도와주며 가능한 한 아이들의 입에서 스스로 "이것이 문제다."라는 말이 나오도록 지도한다. 아이들이 발견한 문제들은 칠판에 판서해주고 아이들도 공책에 정리해보도록 한다. 우리 주변의 문제에 대한 공책정리 후 내가 생각하는 가장 심각한 문제에 별표(*)를 하도록 하여 그 문제에 대해 보다 적극성을 갖도록 지도한다.

수업성찰 학급에 따라 모둠별 수업이 잘 이루어지는 학급에서는 모둠별로 우리 주변의 문제를 찾아볼 수 있도록 허용해주었다. 하지만 익숙하지 않은 경우 교사가 주도하여 학급 전체 친구들에게 문제점을 발견하여 이야기해보도록 유도하였다.

⇨ 전개활동 3: 주변 문제를 주장하는 글로 써보기

주장하는 글쓰기 방법은 이미 4학년 때 학습이 이루어졌다. 6학년 국어에서는 논설문의 짜임을 알아보는 과정으로 보다 심화되어 제시되고 있다. 본 차시는 국어 9단원의 도입차시로 주장하는 글쓰기를 완벽하게 작성하는 것이 목적이라기보다 주장하는 글쓰기 요령을 다시 떠올려 자기만의 글을 작성할 수 있도록 아이디어를 구상하는 데 목적을 두었다. 따라서 앞에서 살펴본 문제들 중 하나의 문제를 팀별로 선정하여 어떤 구상을 할지 생각해보는 시간을 따로 준다. 아울러 교과서에서 예시로 제시된 주장문인 〈음식물 쓰레기를 줄입시다〉를 분석하여 '문제제기하기–주장하기–근거제시하기–주장다지기' 순서로 주장하는 글을 작성할 수 있도록 한다.

수업성찰 아이들이 주장하는 글쓰기에 보다 쉽게 접근하도록 하기 위해 가능한 한 쉬운 문장으로 제시하였다. 교과서 도입 부분에 제시된 글이 아주 간단하고 명료하여 아이들이 생각의 문을 여는 데 도움이 되었다. 주장하는 짧은 글을 함께 읽고 주장하는 글의 순서를 파악해보며 칠판에 판서하여 정리하는 등의 활동은 다소 지루하긴 하지만 아이들의 생각을 논리적으로 전개하도록 도와줄 거라고 판단하였다.

⇨ 정리활동: UCC 보고 아이디어 정리하기

수업을 정리하며 공부할 문제에서 제시한 학습목표를 다시 한 번 살펴보도록 한다. 이번 시간에 공부할 문제의 부제는 '주장과 설득'으로 주장하는 글을 활용하여 상대방을 설득하는 UCC를 제작하는 과정이 이번 단원의 목표임을 아이들과 이야기한다. 즉, 상대방을 감성적으로 설득하기 위해 주장다지기 단계에서 초등학생 수준에서 할 수 있는 문제해결책을 찾아보도록 권유한다. 이를 위해 앞에서 우리가 살펴본 음식물 쓰레기에 관련된 좋은 사례에 해당하는 UCC를 찾아 보여주고 수업을 마무리한다.

▲ 음식물 쓰레기를 줄이자 UCC 〈http://serviceapi.nmv.naver.com/flash/convertIframeTag.nhn?vid=387E2961929052CEF00F813AED91D59C433C&outKey=V123fc0ea57fd625e1c62d96732a009e527a9e9c50d154a7566ecd96732a009e527a9&width=720&height=438〉

⇨ 협력과제: 팀별로 주변 문제를 찾아 주장하는 글로 작성 후 학급카페에 올리기

첫 시간 협력과제는 팀별로 자유롭게 우리 주변의 문제를 찾아 주장하는 글을 '문제제기하기–주장하기–근거제시하기–주장다지기' 순서로 작성해 오기로 한다. 아이들은 각자 팀을 정해 어떠한 문제점을 고민해볼지에 대한 의견을 나누고, 누가 학급카페에 올리고 공유할지 세밀한 부분까지 적어보도록 한다.

2차시 성찰협력수업

대상	6학년 아이들	장소	6학년 각 교실	수업자	수석교사 정민수
주제	살아 있는 중심생각: 주장과 설득			교과서	국어 38~40쪽
단원목표	주장하는 글의 짜임을 알아보고 UCC를 구상할 수 있다.				
차시주제	우리가 만드는 UCC의 짜임을 알아보자.				
수업흐름	⇨ 생각열기: 여러분의 나무는 어떠십니까? ⇨ 목표확인: 우리가 만드는 UCC의 짜임을 알아보자. ⇨ 전개활동 1: 우리 주변문제에 대한 주장하는 글 나누기(과제활용) ⇨ 전개활동 2: 글의 짜임을 생각하며 문단의 중심문장 찾아보기 ⇨ 전개활동 3: 우리 팀에서 만들 UCC 구상하기 ⇨ 정리활동: 우리 팀 주장하는 글의 중심문장 찾아 쓰기 ⇨ 협력과제: 주장에 따른 문제해결을 담아 UCC 제작하기				

⇨ 생각열기: 여러분의 나무는 어떠십니까?

UCC에는 제작자의 의도, 즉 만든 이가 바라본 문제 상황과 자신의 주장이 담겨져 있다. 2차시 수업의 문을 열기 위해 아이들에게 〈여러분의 나무는 어떠십니까?〉라는 UCC를 보여준다. 이 UCC는 바른말과 고운말을 사용하자는 제작자의 의도가 담겨 있으며, 이는 전개활동에서 나눌 교과서 〈고운 말을 사용합시다〉라는 주장문과 관련지을 수 있다. 또한 주장하는 글을 UCC로 바꾸는 아이들에게도 도움이 될 것이다. UCC를 잠시 감상하고 이 UCC에 담긴 제작자의 의도가 무엇인지 물어보았다.

도윤 제작자 의도는 나무를 키우자는 것 같아요. 음... 마음의 나무를 말하는 것 같은데요.

윤섭 여기에서 나무란 우리들의 말과 관련이 있습니다. 영상에서 본 것처럼 좋은 말을 많이 하면 마음의 새싹이 잘 자라고 나쁜 말을 많이 하면 마음의 새싹이 잘려 나가잖아요.

건호 한마디로 바른말을 사용하자는 의미 같습니다. 바른말과 고운말을 사용해야 내 안의 나무가 잘 자랄 수 있다는 것을 말하고 있는 것 같습니다.

▲ 여러분의 나무는 어떠십니까? 〈https://youtu.be/H5djhWAFivU〉

수업성찰 UCC에 담긴 의미를 살펴보는 과정이 매우 중요하다고 생각했다. 어떻게 하면 아이들 스스로 영상에 담긴 문제 상황을 직시하고 그 뒤에 감춰져 있는 제작자 의도를 발견하게 할까 고민했었다. 영상의 내용이 다소 비유적이라 아이들이 어려워할 수도 있겠다고 생각했지만 오히려 아이들의 사고의 폭을 넓혀주는 계기가 된 것 같아 좋았다. 더 나아가 아이들이 만들 UCC 영상에서도 지난달에 함께 익힌 이런 비유적 표현을 잘 담아내길 기대해보았다.

⇨ 목표확인: 우리가 만드는 UCC의 짜임을 알아보자.

이번 시간에는 아이들이 찾아온 문제 상황을 읽어보고 친구들과 함께 공유해보는 시간을 갖도록 한다. 이는 주장하는 글쓰기의 짜임을 알아보려는 의도도 있지만 더 나아가 아이들에게 그 문제를 해결할 방법을 생각해보고 UCC로 제작하여 작품화시키려는 의도가 있다. UCC의 질적인 수준보다 주장하는 글쓰기의 내용을 UCC로 구조화하는 데 수업의 목적을 두도록 한다.

⇨ 전개활동 1: 우리 주변문제에 대한 주장하는 글 나누기(과제활용)

지난 시간 아이들에게 내준 과제인 '주장하는 글 써오기'를 꺼내도록 한다. 학생들 중 발표하고 싶은 친구를 찾아 기회를 먼저 준다. 과제는 학급카페에 작성해 놓은 글을 활용하되 미처 카페에 올리지 못한 친구들이나 팀을 위해 직접 공책에 작성한 친구들에게도 기회를 준다. 단 한 사람의 발표를 듣더라도 그 친구가 작성한 주장한 글의 짜임이 잘 구성되어 있는지 살펴보는 데 목적을 두되 아이들의 흥미를 위해 친구가 찾은 문제 상황에 대해서도 다양한 이야기를 나누도록 한다.

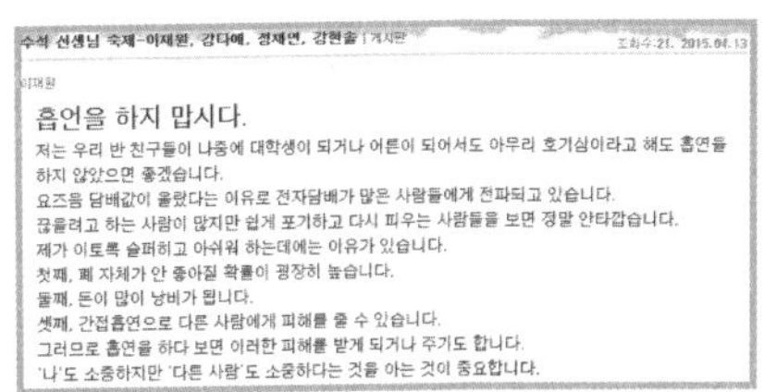

수석 선생님 숙제-이재원, 강다예, 정재연, 강현솔 | 게시판 조회수:21. 2015.04.13

이재원

흡언을 하지 맙시다.

저는 우리 반 친구들이 나중에 대학생이 되거나 어른이 되어서도 아무리 호기심이라고 해도 흡연을 하지 않았으면 좋겠습니다.
요즈음 담배값이 올랐다는 이유로 전자담배가 많은 사람들에게 전파되고 있습니다.
끊을려고 하는 사람이 많지만 쉽게 포기하고 다시 피우는 사람들을 보면 정말 안타깝습니다.
제가 이토록 슬퍼하고 아쉬워 하는데에는 이유가 있습니다.
첫째, 폐 자체가 안 좋아질 확률이 굉장히 높습니다.
둘째, 돈이 많이 낭비가 됩니다.
셋째, 간접흡연으로 다른 사람에게 피해를 줄 수 있습니다.
그러므로 흡연을 하다 보면 이러한 피해를 받게 되거나 주기도 합니다.
'나'도 소중하지만 '다른 사람'도 소중하다는 것을 아는 것이 중요합니다.

김신지수, 이호정, 정인지의 글쓰기 숙제 | 게시판

이호정

<길거리에 쓰레기를 버리지 맙시다>

6학년 3반 어린이 여러분!
저는 우리 반 친구들이 길거리에 쓰레기를 버리지 않았으면 좋겠습니다.
요즈음 많은 친구들이 길거리에 쓰레기를 버리고 있어서 길이 오염되고 있습니다.
길거리의 쓰레기의 양이 늘어나면 여러가지 문제가 발생합니다.
첫째, 길거리에 쓰레기를 버리면 자연환경을 오염시킵니다.
둘째, 길거리의 쓰레기를 청소하시는 분이 힘듭니다.
셋째, 길거리의 쓰레기를 땅이 썩히는 데에 오랜 시간이 걸립니다.
이렇게 길거리에 쓰레기를 버리면 많은 문제가 발생합니다.
따라서, 길거리에 쓰레기를 버리지 않도록 우리 모두 노력합시다.

수업성찰 아이들이 주변의 문제 상황에 대해 얼마나 관심을 갖고 있는지, 또 과제를 어느 정도 해 왔는지를 점검하기 위해 과제를 살펴본다. 특히 생활 주변의 문제에 관심을 가지고 이 문제를 해결하기 위한 자신의 주장을 글로 옮겨볼 수 있도록 독려하는 데 목적을 두었다. 많은 아이들이 과제를 해 왔고 그중 몇 명이 작성해 온 글들을 함께 읽어보며 사고의 폭을 넓혀보는 활동을 진행하였다.

⇨ 전개활동 2: 글의 짜임을 생각하며 문단의 중심문장 찾아보기

이번에는 교과서에 제시된 글 〈고운 말을 사용합시다〉를 함께 읽어보도록 한다. 친절하게도 아이들이 글의 짜임을 쉽게 파악할 수 있도록 글의 문단을 구분하여 놓은 글이다. 교과서에서는 논설문의 특성을 서론-본론-결론으로 나뉘어 생각해보도록 제시되어 있지만, 이와 더불어 앞에서 살펴본 주장하는 글의 짜임(문제제기-주장하기-근거제시-주장다지기)에 맞춰 다시 한 번 살펴보는 시간을 갖도록 한다.

수업성찰 논설문의 특성에 맞춰 주장하는 글의 짜임이 잘 구성되어 있는지 아이들과 살펴보고 점검하는 활동으로 진행하였다. 아이들은 자연스럽게 논설문의 특성을 이해하게 되었고 주장하는 글을 어떻게 구성해야 하는지 생각해보는 시간을 가졌다. 각 문단의 주요 내용 대부분이 교과서에서 논설문의 특성에 맞춰 서론–본론–결론으로 요약되어 있는 만큼 각 문단의 핵심문장을 살펴보고 밑줄을 그으며 내용을 파악하는 데 목적을 두었다. 그 이후 각 문단의 주장을 뒷받침하는 근거를 간단히 찾아보는 활동을 전개하며, 아이들이 자신의 생각을 어떻게 주장하는 글로 정리하면 좋을지 생각하는 시간을 가져보았다.

⇨ 전개활동 3: 우리 팀에서 만들 UCC 구상하기

이제 각자 자기 팀만의 멋진 UCC를 만들기 위해 구상하는 시간을 갖도록 한다. UCC는 User Created Contents의 약자로 사용자 제작 영상을 의미한다. 팀별 또는 개인별로 작성한 주장하는 글을 다시 한 번 읽어보고 자기 팀에서 주장하고 싶은 것이 무엇인지 발견해보는 시간이 필요하다. 이를 통해 앞으로 팀에서 만들 UCC를 다시 한 번 구상해보고 더 나아가 주장다지기를 넘어 친구들과 함께 고민한 문제해결책을 UCC에 담아보도록 권유한다.

수업성찰 팀별 UCC 구상은 아이들의 창의적인 아이디어를 담아내는 것이 중요하다. 특히 지난 시간에 고민하여 작성한 주장하는 글을 UCC 제작으로 연계하여 문제해결책을 담아가도록 권하는 것이 중요하다고 판단하였다. 대부분의 친구들이 UCC 제작을 나누며 자기 팀별 주제를 연계하려고 노력하는 모습을 엿볼 수 있었다. 그러나 주장하는 글과 UCC 제작의 연계가 쉽지 않은 아이들에게는 보다 더 쉽게 접근할 수 있도록 지도하였다. 이는 가능한 한 많은 아이들이 자발적으로 UCC 제작에 도전해볼 수 있도록 기회를 열어주기 위한 조치였다.

⇨ 정리활동: 우리 팀 주장하는 글의 중심문장 찾아 쓰기

마지막 정리활동은 팀별로 구상한 UCC의 큰 흐름을 중심문장으로 정리하여 공책에 써보도록 한다. 중심문장은 UCC의 맥락을 잡아주고 아이들의 생각을 정리하는 데 도움이 된다. 또 UCC를 만드는 목적을 다시 한 번 생각해보게 하고, 아이들이 UCC를 통해 강조하고 싶었던 문장을 정리하는 데도 중요한 역할을 한다. 아이들이 제작하는 UCC의 시작이 주장하는 글에 있었음을 기억하게 하고 모둠별로 찾은 문제점을 UCC를 통해 해결하는 데 목적이 있음을 주지시키고 수업을 마무리한다.

⇨ 협력과제: 주제에 따른 문제해결을 담아 UCC 제작하기

마지막 협력과제는 아이들이 지금까지 고민한 문제들을 다시 한 번 점검하고 친구들과 협력하여 UCC로 어떻게 표현할지 구체화하는 데 목적이 있다. 가능한 한 팀원 모두가 UCC 제작에 동참하게 하되 아이들의 성격을 반영하여 자신이 잘할 수 있는 분야를 찾아 모두가 참여하는 데 의미를 두도록 한다.

아이들이 협력하여 제작한 UCC 자료

▲ UCC_학교폭력부메랑 〈https://youtu.be/0j0d147yblg〉

▲ UCC_학교폭력예방 〈https://youtu.be/cli0l6nWwGw〉

▲ UCC_외국인노동자들이 고통받고 있어요 〈https://youtu.be/sfJJIL28Voo〉

▲ UCC_학교폭력예방 〈https://youtu.be/jEmz3uAXicl〉

▲ UCC_장기매매 해결방법 〈https://youtu.be/oDh1h-TuffY〉

▲ UCC_학교폭력예방 〈https://youtu.be/e-Fsta7Mdxw〉

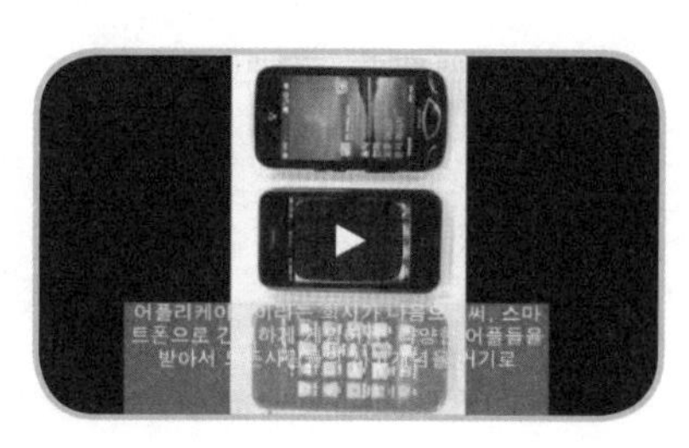

▲ UCC_스마트폰 중독 〈https://youtu.be/l8x8joB_ugl〉

▲ UCC_동물사랑 〈https://youtu.be/5Agah9ajXml〉

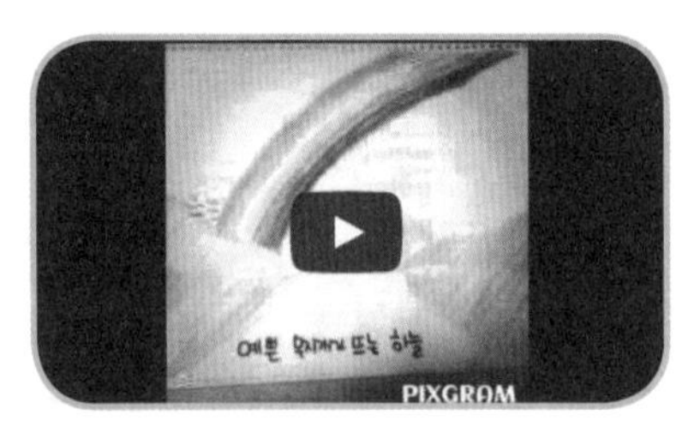

▲ UCC_환경오염 〈https://youtu.be/izmls9Pkp8w〉

▲ UCC_동물사랑 〈https://youtu.be/f-SndEOw3_0〉

▲ UCC_지구온난화 〈https://youtu.be/bKi4BJ6gXq8〉

▲ UCC_선행학습 〈https://youtu.be/JcSaegrOyzQ〉

▲ UCC_동물사랑 〈https://youtu.be/TfXqiiavObs〉

▲ UCC_길거리 쓰레기 〈https://youtu.be/90-CfacFJS8〉

▲ UCC_티컵강아지 〈https://youtu.be/2WhWLC04DvA〉

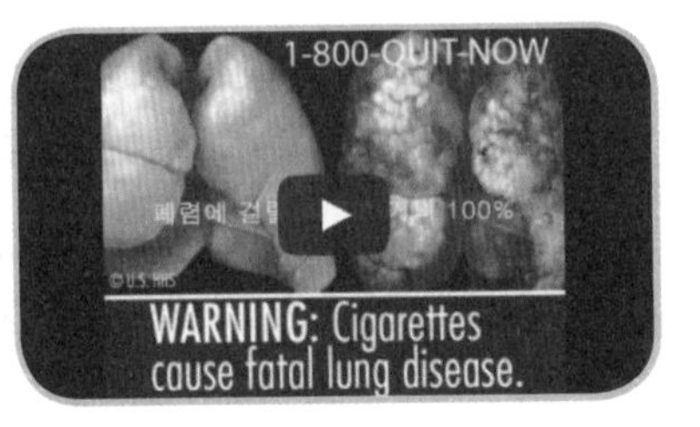

▲ UCC_당신의 폐 〈https://youtu.be/sAXJh4veMKQ〉

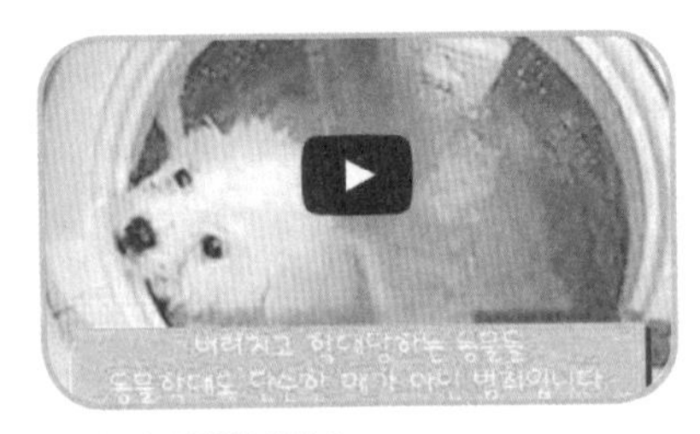

▲ UCC_소중한 생명 〈https://youtu.be/w5Ej3SL741U〉

▲ UCC_학교 주변 〈https://youtu.be/LLDA3y-kJOc〉

▲ UCC_장애인 차별 〈https://youtu.be/eoYT2bKrJew〉

▲ UCC_지구온난화 〈https://youtu.be/S_eARMrb9DM〉

▲ UCC_사이버 폭력 〈https://youtu.be/9H8UwkAlZjk〉

01 교사와 아이들에게 필요한 수업연구는 따로 있다
02 한 손에는 '성찰'을, 다른 한 손에는 '협력'을!
03 [성찰협력형 수업연구 1단계] 수업계획 및 수업실행
04 [성찰협력형 수업연구 2단계] 수업성찰 및 수업분석
05 [성찰협력형 수업연구 3단계] 수업코칭 및 수업협력
06 [성찰협력형 수업연구 4단계] 수업재구성 및 수업반영
07 성찰협력형 수업연구에 대한 교사들의 말, 말, 말

3부

성찰협력형 수업연구로 당신의 수업을 바꾸어라

교사와 아이들에게 필요한 수업연구는 따로 있다

아이들은 수업성찰을 하는 교사로부터 가르침을 받아 동시대를 살아가며 배움을 실천합니다.

종종 좋은 수업을 한 편의 드라마에 비유합니다. 드라마에 기승전결이 있는 것처럼 좋은 수업에도 아이들의 시선을 사로잡는 활동들이 탄탄하게 구성되어 있습니다. 시대상을 반영하지 않는 드라마가 대중의 호응을 받기 힘든 것처럼 수업도 그렇습니다. 수업이 아이들의 경험과 멀어질수록 긍정적인 효과를 기대하기가 어려워집니다. 수업이 아이들의 마음속에 들어가려면 기본적으로 그 시대상과 함께 시대를 아우르는 감정을 담아야 합니다. 그런 점에서 성찰협력수업은 수업의 통시대적 요소와 동시대적 감성을 모두 담고 있다고 할 수 있습니다.

통시대적인 요소는 생각을 여는 수업성찰에 담겨 있습니다. 수업성찰은 수세기 동안 실행된 수업연구의 결과물들 앞에 겸허히 서서 자신의 수업을 되돌아보는 과정입니다. 드라마로 보자면 '권선징악' 같은 불변의 스토리를 담아 통시대적 요구에 부응하는 것과 비슷합니다. 바보스럽다

싶을 정도로 착한 캐릭터를 주인공으로 삼는 이유 역시 통시대적 관점을 가진 시청자들에게 착한 주인공이 잘되기를 바라는 마음을 갖게 하기 위해서입니다.

좋은 수업에 대한 시대적인 관점은 지속적으로 변해왔습니다. PCK, 열린교육, 협동학습, 수업분석, 프로젝트 학습, 배움의 공동체, 아이 눈으로 수업 바라보기, 주제통합수업, 거꾸로 교실 등 수업을 둘러싼 다양한 관점들이 있었습니다. 수업성찰은 무엇이 옳고 그름을 떠나 수업에 얽혀 있는 이런 이슈들을 통시대적 관점에서 보다 여유롭게 바라볼 수 있도록 도와줍니다. 통시대적 관점은 수업을 보다 거시적인 안목으로 바라보도록 합니다. 교실 수업에는 기존의 전통적인 수업방식이 필요할 때가 있으며, 이런 수업방식은 수업의 표본이 되어 교사와 학생 간 상호작용에 대한 약속으로 자리매김하였습니다. 수업성찰은 이렇게 여러 시대에 걸쳐 자리 잡은 수업의 담론을 존중해주고 현재와 미래에 전개할 수업의 방향을 고찰하도록 도와줍니다.

동시대적인 요소는 지혜를 나누는 협력수업에서 찾을 수 있습니다. 협력수업은 살아 있는 교과서인 교사와 배움을 통해 성장하는 아이들 간의 상호작용으로 전개됩니다. 교사와 아이들이 협력수업을 하는 이유 중 가장 중요한 것은 동시대적인 요소를 수업에 담기 위해서입니다. 아이들은 통시대적 수업성찰을 하는 교사로부터 가르침을 받아 동시대를 살아가며 배움을 실천합니다. 즉 교사가 통시대적 관점에서 과거를 현재로 이어준다면, 아이들은 동시대적 관점에서 현재를 미래로 이어간다고 할 수 있습니다. 그런 의미에서 동시대적 협력수업은 교사의 일방적인 가르침이 아니라 아이들의 삶을 담아 배움으로 연결하는 수업이 되어야 합니다.

저자는 교사들의 이런 통시대적 수업성찰과 아이들의 배움을 열어주는 동시대적 협력수업에 보다 체계적으로 접근하기 위해 성찰협력형 수업연구모형을 개발하였습니다(정민수, 2015)[1]. 성찰협력형 수업연구는 수업계획 및 실행, 수업성찰 및 분석, 수업코칭 및 협력, 수업재구성 및 반영의 순환적 과정으로 구성되었습니다. 여기에서 수업이란 넓은 의미의 교육과정으로 한 차시 수업을 의미하기보다 교과별 또는 단원별 내용 성취기준을 기반으로 하는 수업생태계를 의미합니다. 즉 수업연구가 교사의 수업전문성 향상을 목표로 한다고 할 때 단순히 한 차시 분량의 수업을 분석하는 것이 아니라, 학습자 중심 교육의 궁극적 목표인 학생 배움을 실생활과 연계시킬 수 있는 좋은 수업을 이끌 수 있는 수업전문가 교육에 중점을 두었습니다. 수년간의 실행연구(action research)[2]에 의해 개발된 성찰협력형 수업연구모형은 다음과 같습니다.

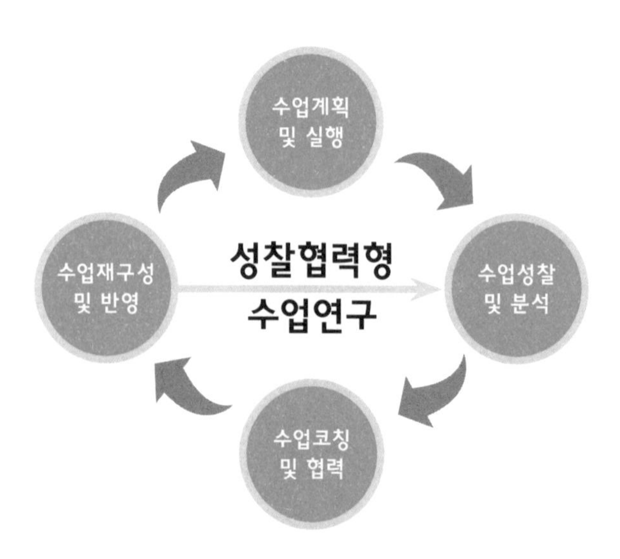

교사들의 수업성찰을 통한 협력적 수업전문성 향상을 보다 효과적으로 지원하는 성찰협력형 수업연구모형을 조금 더 구체적으로 알아보겠습니다.

수업계획 및 실행 단계

첫째, 수업계획 및 실행의 단계는 수업을 전개하는 교사의 수업준비 과정을 있는 그대로 보여주는 데 의미를 두었습니다. 또한 교수·학습과정안의 틀에 얽매이기보다 수업계획의 개방성에 중점을 두었습니다. 교사들의 수업계획은 수업의 목적과 의도에 따라 다양하게 전개됩니다. 수업계획의 형식면에 있어서는 교수·학습과정안을 세밀하게 작성하기도 하지만 일반적으로 지도서와 교과서에 가볍게 메모만을 남기며 진행하기도 합니다. 또한 동학년 교사들과 더불어 공동 학습계획을 작성하기도 하고 자기 학급의 특색을 살린 창의적인 학습개요를 작성하여 진행할 수도 있습니다. 수업계획의 내용면에 있어서는 각 교과서의 흐름을 그대로 따라할 수도 있지만 전체 주제에 적합한 콘텐츠를 추가하거나 수정하고 보완하여 또 다른 학습내용을 전개하기도 합니다. 교사들의 이러한 수업계획들은 대부분 공개되지 않고 교실 환경에 갇혀 사라지기 때문에 수업의 계획이 수업의 실행과 어떻게 연결되는지 파악하기가 쉽지 않습니다. 따라서 수업계획 및 실행의 단계에서는 수업자의 숨은 의도를 드러내어 표현하는 데 초점을 두었으며 수업자와 참관자 관점에서 수업자 의도가 어떻게 적용되는지 최대한 기술하고자 하였습니다.

수업성찰 및 분석 단계

둘째, 수업성찰 및 분석의 단계는 수업을 교사의 가르침과 학생의 배움으로 나누어 성찰해보고 수업자가 의도한 대로 수업이 전개되었는지를 분석하는 데 중점을 두었습니다. 좋은 수업이란 교사와 학생의 상호작용이 활발한 수업으로 교사의 가르침이 학생의 배움으로 어떻게 연결되는지 수업성찰을 통해 표현될 수 있어야 합니다. 수업성찰 및 분석의 단계에서는 수업의 계획부터 실행까지 수업자의 의도가 어떻게 적용되는지 분석하기 위해 수업을 분석하는 관점을 세 가지로 나누어 살펴보았습니다. 먼저 교사가 수업에서 사용한 몰입의 기제들을 찾아보고 이를 바탕으로 수업 속 의미들을 최대한 많이 찾아보는 수업 비평적 활동을 전개합니다. 다음 교사가 의도한 대로 학생들의 배움이 이루어졌는지 수업을 세밀하게 성찰하고 배움에서 소외된 학생을 어떻게 지도해야 하는지 학생의 관점에서 수업 다시보기 활동을 전개합니다. 끝으로 교사가 학생들의 배움을 일으키기 위해 수업을 할 때 자신감을 갖는 지점과 두려움이 있는 지점은 어디인지 살펴보고 교사의 가르침과 학생의 배움이 크게 어긋나는 지점은 어디인지 수업의 내면을 성찰하도록 하였습니다.

수업코칭 및 협력 단계

셋째, 수업코칭 및 협력의 단계는 수업을 객관적으로 바라보기 위해 동료교사의 수업코칭을 다각적으로 검토하고 수업의 의미 있는 지점들을 보다 협력적으로 발전시키는 데 중점을 두었습니다. 여기에서 수업코칭이란 수업자와 동반자적인 관점에서 교사가 스스로 자신의 수업을 성찰하여 변화되거나 성장할 수 있도록 지원해주는 과정을 의미합니다.[3] 이러한 수업코칭은 다수의 동료교사들이 협력적으로 접근할 때 더욱 큰 시너지를 얻을 수 있습니다. 먼저 수업을 통해 아이들이 어떻게 성장하고 있는지 협력적 수업코칭을 전개하여 수업자가 미처 생각하지 못한 지점을 발견하도록 합니다. 또한 수업을 통해 교사는 어떻게 성장하고 있는지 자신의 모습을 비춰보는 계기를 마련해줍니다. 아울러 수업코칭에 협력적으로 참여하는 교사들 역시 수업자를 통해 자신의 모습을 발견하는 거울효과를 얻도록 합니다. 즉 협력적 수업코칭은 순식간에 흘려버리기 쉬운 수업의 장면을 다시 떠올리게 해주며 교사와 학생의 다양한 관점에서 수업을 바라보는 안목을 협력적으로 기르게 해줍니다.

수업재구성 및 반영 단계

넷째, 수업재구성 및 반영의 단계는 협력적 수업코칭으로 새롭게 인지한 수업의 특질을 교사 스스로 정리하고 교과 및 단원의 성취기준에 보다 효과적으로 도달하기 위해 다음 차시 수업을 재구성하여 반영하는데 중점을 두었습니다. 수업은 교과 및 단원의 성취기준에 맞춰 한 차시 수업목표를 설정하고 목표도달에 효과적인 학습활동으로 나뉘어 전개됩니다. 따라서 수업의 재구성은 이전 차시 학생들의 반응과 수업목표 도달의 정도에 따라 매시간 지속적으로 이루어져야 합니다. 이런 면에서 수업재구성 및 반영은 교사가 교과 및 단원의 성취기준이라는 숲을 바라보게 하는데 효과적이며, 한 차시 수업이라는 나무를 계획적으로 조성할 수 있는 안목을 제공해줍니다. 교사의 수업재구성은 학생들의 학습실태와 학교 및 교실의 제반 여건에 맞춰 다시 이루어져야 합니다. 또한 교사는 교과 및 단원의 성취기준에 맞는 전체 밑그림을 그리고 그 안에 세부적인 수업계획을 창의적으로 재구성하여 수업에 반영해야 합니다. 수업재구성을 통한 단원의 성취기준 재검토 과정 후 다음 차시 수업계획을 새롭게 반영하고 수업성찰 및 분석 단계와 수업코칭 및 협력 단계를 반복하여 실행합니다. 만일 한 단원의 성취기준 도달이 완료되었다면 새로운 단원에 대한 수업계획 및 실행 단계부터 다시 반복하여 실행하도록 합니다.

이렇게 성찰협력형 수업연구의 반복적인 실행연구 활동은 양질의 수업을 만들어가는 기반이 되며 교사의 가르침과 학생의 배움을 조화롭게 이루는 데 효과가 있습니다. 나아가 수업계획 및 실행, 수업성찰 및 분석, 수업코칭 및 협력, 수업재구성 및 반영의 순환적 과정을 통해 교사들의 수업전문성을 향상시켜줄 것입니다.

[1] 정민수(2015), 〈성찰협력형 수업연구에 대한 실행연구〉, 《열린교육연구》 제23권 1호, 한국열린교육학회.

[2] 실행연구(action research)는 문제 상황에서 자신이 하고 있는 일들의 합리성과 정당성을 증진시키고 그 일과 문제 상황에 대한 이해를 증진시켜 상황을 개선하는 데 목적을 둔 자기 반성적 탐구활동이다(Kemmis & Mctaggart, 1988, 2000).

[3] 여기에서 수업코칭이란 좋은교사 수업코칭연구소에서 말하는 수업코칭과 그 맥을 같이한다.

한 손에는 '성찰'을, 다른 한 손에는 '협력'을!

서로 함께 배우고 실천하는 상호 협력을 수업연구의 새로운 방향으로 제시합니다.

최근 성찰과 협력을 통해 수업전문성을 개발하려는 교사들이 늘고 있습니다. 이들은 연구자들이 형성한 이론적 지식을 교실 수업에 그대로 실천해보는 수동적 행위자가 아니라 자신의 수업 상황에서 교실 문제들을 탐구하고 새로운 수업이론을 창출하는 능동적인 교사연구자(teacher-researcher)를 추구합니다. 교사연구자는 수업실천가로서 외부의 교육학 이론이나 수업 기술에 의존하기보다 교실 수업에 대한 성찰과 그들이 겪고 있는 경험에 근거해 자기만의 수업 이론을 재구성하곤 합니다. 또한 이들은 지식의 전달과 획득을 중시하는 개인주의보다 이론과 실천에 대한 협력적 탐구를 통해 서로 함께 배우고 실천하는 상호 협력을 수업연구(Lesson Study)의 새로운 방향으로 제시하려고 노력합니다.

수업연구 활동은 교사들의 수동적인 참여로 전개되었던 기존의 수업장학 활동과 대비되는 형태로 수업컨설팅, 수업코칭, 수업성찰 등 교사들이 자발적으로 참여하는 능동적인 수업연구의 틀을 만들어가고 있습니다. 능동적인 교사연구자들에 의해 학교 현장에서 주목받고 있는 수업연구는 참여와 성찰 그리고 실천 중심으로 이루어지고 있습니다.

먼저 참여형 수업분석과 수업컨설팅을 토대로 일반 교과 수업에 공통적으로 적용 가능한 교실 수업 분석모형을 개발하여 수업의 질적 개선을 도모하는 참여형 수업연구가 활발합니다. 또한 질적 교육의 이해와 실천을 기반으로 교육 해석적 패러다임 접근을 시도하는 수업컨설팅이 주목을 받고 있습니다. 특히 아이의 눈으로 수업을 바라봄으로써 교사의 전문적이고 자율적인 참여를 이끄는 성찰형 수업연구가 눈에 띕니다. 보다 실천적인 수업연구로는 교사 스스로가 전문성에 기초해 주어진 교육과정의 목표를 효과적으로 달성하기 위해 교육계획 및 교과서 재조직화, 수정, 보완, 통합 등의 주제 중심 통합 교육과정의 재구성을 통한 실천형 수업연구가 전개되고 있습니다. 이외에도 학교 현장에서는 배움의 공동체 철학에 기반을 둔 행복교육과 배움 중심 수업연구, 수업친구 만들기와 수업 나눔을 통한 교사의 내면을 세우는 수업성찰연구, 그리고 인문학적 안목으로 교실 수업을 다시 바라보는 수업비평연구 등 수업혁신을 위한 교사들의 성찰과 협력을 위한 노력들이 다양하게 시도되고 있습니다.

능동적인 교사연구자들이 주축이 되는 수업연구는 현장에서 직접 수년간 수업에 참여하고 있는 저자의 눈을 통해 볼 때 교사 스스로 교육을 바라보는 안목을 넓히고 수업에서 차지하는 학생들의 위상을 높이는 효과가 있습니다. 그러나 우리나라의 모든 학교와 교실에서 수업연구가 활발히 전개되는 것은 아니며, 특정 지역에서 성공적으로 전개된 수업연구 모델이 다른 학교에 그대로 적용되었을 때 동일한 효과를 내는 것도 아닙니다.

성찰협력수업은 이런 문제의식에서 출발하였습니다. 학교는 시대 흐름에 맞춰 변화해야 하지만 지역과 교육 구성원의 특성을 반영하여 수업연구가 적용되어야 합니다. 더불어 교사와 학생 모두 긍정적인 방향으로 지속적인 성장을 거듭해야 한다는 측면에서 각 학교 특성에 적합한 수업연구가 보다 실천적이고 협력적으로 적용될 필요가 있습니다. 이를 위해 자신의 교육적 발달과정을 자기반성적 탐구의 한 형태로 성찰하는 실행연구(Action Research)를 실시하는 것이 중요합니다. 실행연구는 교사들의 협력을 통해 교육적 실제를 개선시키는 체계적인 탐구의 한 형태로 수업연구의 패러다임을 완성해 가는 데 적합합니다.

구체적으로 성찰협력수업에 관한 실행연구는 협력적 교사학습공동체에 참여한 동료교사들과 함께 수업분석의 탐구과정으로 이루어졌습니다. 또한 성찰협력형 수업연구는 현장의 수업성찰에 관한 다양한 관점을 받아들이고 학습하는 능동적인 교사연구자들의 협력적 교사학습공동체 운영을 통해 시작되었습니다. 교사학습공동체 내에서 전문성과 지도력을 발휘해온 교사연구자들은 수업연구의 다변화를 경험해왔습니다. 협력적 교사학습공동체는 교사들의 수업전문성 향상 프로그램으로 적절한 수업연구의 틀을 탐색하고 교실 수업에 적용하였으며, 그 결과를 토대로 수정과 보완을 거쳐 일반화 가능한 성찰협력형 수업연구모형을 개발하였습니다. 성찰협력형 수업연구는 능동적인 교사연구자들이 수업성찰 및 분석활동과 수업코칭 및 협력활동을 통해 수업을 개선하고자 하는 수업연구 방법입니다. 또한 그 개선점을 수업에 반영 또는 재구성하여 보다 나은 수업을 계획하고 실행하는 데 목적을 두고 있습니다.

이러한 교사연구자들의 수업연구 모임은 교육 네트워크를 통해 이미 학교를 넘어 다양하게 활성화되고 있습니다. 교사연구자들은 늘 수업을 하면서도 자신의 수업방향성이 어떤 의미가 있는지 성찰하길 원합니다. 그들은 교실환경 및 학생실태 등에 따라 수업의 질이 달라지는 것을 알고 있기에 좋은 수업을 만들기 위해 지속적으로 노력합니다. 그들은 수업 계획을 같은 교과 내용으로 준비했다 하더라도 교사와 학생에 따라 그 결과가 달라지기 때문에 실행연구를 반복해야 한다고 말합니다. 그래서 교사연구자를 꿈꾸는 교사들이 모이면 즐겁고 신이 납니다. 수업의 내용은 같으나 그 반응과 색깔이 모두 제각각이기 때문입니다. 그래서 성찰협력형 수업연구는 이런 교사들의 다양한 생각을 협력적으로 모아 자기 스스로 수업성찰에 이르도록 도와주는 데 목표를 두고 있습니다.

그러면 여기에서 교사연구자들이 우리 학교 현장에 어떻게 기여하고 있는지 좀 더 자세히 살펴보도록 하겠습니다.

참여형 수업분석 연구[1]

먼저 학교는 외부적으로 교육과정의 개정에 따른 국가 사회의 요구에 부응해야 하고, 내부적으로는 교원의 능력과 전문성 신장을 도모해야 합니다. 자연스럽게 교사들은 전문성 신장을 통한 수업의 질적 개선을 지속적으로 요구받아 왔습니다. 현장의 교사들에게 가장 필요한 자질과 능력이 수업과 관련되어 있다는 것이 논의될 때 참여형 수업분석 연구방법이 주목을 받았습니다. 이 연구방법은 수업관련 문제를 해결하기 위해 도움을 요청한 교원에게 교내외의 수업 컨설턴트들이 수업컨설팅의 방법과 원리에 따라 제공하는 자문 활동으로 이루어졌습니다. 이러한 연구방법은 수업자와 참관자가 동일한 문제의식을 갖고 수업의 준비 단계부터 마지막 협의회 과정에 이르기까지 교사연구자들이 상호 우호적이고 협력적으로 접근하여 참여자들에게 보다 높은 동기 부여와 공감을 제공한다는 장점을 가지고 있습니다.

이러한 참여형 수업연구모형에 대한 의의를 천호성 교수는 다음과 같이 이야기합니다. 첫째, 기존의 모형들과 달리 수업컨설팅의 방향과 관점을 교사 중심에서 학생 중심으로라는 패러다임의 전환이 가능합니다. 둘째, 상급기관 주도의 장학활동과 달리 단위 학교와 교사들이 중심이 되어 자율적으로 실시하는 것이 가능합니다. 또한 참여형 수업연구모형에 의한 수업컨설팅은 수업자가 제기한 문제해결에 직접적인 도움을 주고 참여자가 함께 방법을 모색해보는 동일한 목표를 가지고 출발할 수 있습니다.

배움중심 수업연구[2]

비교적 최근에는 학교 교육에서 문제해결능력과 창의성이 강조되면서 학습자 중심 교육이 주목을 받아왔습니다. 학습자 중심 교육은 학습자 개인의 경험과 관심 그리고 배경으로부터 출발하는 학습론에 대한 내용이라기보다는 학습자에게 부여된 자율성 및 책무성과 함께 조금 더 학습자의 입장을 강조하였습니다. 나아가 학습활동에서의 성찰적 활동을 부각시키면서 교수 전략적으로 또 다른 방안을 제시했습니다. 그러나 학습자 중심 교육의 실천은 일관성 있는 방향성을 잡지 못한 채 현장에서의 확고한 자리매김을 하지 못하고 있는 상태입니다. 이에 학교 현장에서는 수업 혁신의 철학과 성찰적 방법론으로 배움 중심 수업에 관심을 돌리고 있는 것이 현실입니다.

일본의 사토 마나부 교수는 배움 중심의 수업연구 방안으로 교사가 어떻게 가르치는가보다 학생들이 어떻게 학습하고, 그 학습경험으로부터 무엇을 가져오는지를 확인하고 성찰하는 과정을 제시하였습니다. 즉 성찰형 배움 중심의 수업연구에서 말하는 성찰이란 교과와 수업에 대한 지식은 물론 학생들의 학습을 관찰하고 이해하는 능력을 향상시켜 교사들 간의 성찰과 협력을 강화하고, 교사들의 수업전문성 신장에 매우 긍정적인 영향을 주는 배움 중심의 수업성찰 과정을 의미합니다. 또한 수업연구팀에 참여하는 교사연구자들뿐만 아니라 다른 교사들의 수업전문성 신장에도 도움이 됩니다.

교육과정 재구성 연구[3]

보다 실천적인 수업연구 방법으로는 교육과정을 주제별로 통합하여 재구성하려는 시도들이 있습니다. 교사의 실천적 지식(practical knowledge)[4]을 통해 교사의 자질을 밝히고 교사의 전문성 신장에 필요한 정보를 모아 교사의 행동 이면에 놓인 인지과정 또는 사고과정을 강조합니다. 이런 실천적 지식은 교사의 가치관이나 신념의 폭을 넓혀 교육과정을 보다 실천적으로 재구성하는 자양분이 되고 있습니다. 교육과정의 재구성이란 교사가 스스로 전문성에 기초해 주어진 교육과정의 목표를 효과적으로 달성하기 위해 교육계획 및 교과서를 재구성하고 수정 및 보완하여 통합하는 등의 활동을 의미합니다. 그동안 교육과정의 재구성이 중요함에도 불구하고 일제식 시험을 치러야 하는 교육적 현실 속에서 제대로 전개되지 못한 면이 많았습니다. 하지만 능동적인 교사연구자들에 의해 실천형 교육과정의 재구성이 학습에 대한 주제통합적 접근으로 새롭게 연구되고 있습니다. 교육과정의 주제통합적인 접근은 학습자의 흥미와 능력 그리고 요구 등에 민감하게 반응하여 그들의 적성과 태도 발달에 관심을 가집니다. 또한 교육과정을 보다 실천적으로 구성하여 학습할 수 있는 수업적용의 현실적인 장을 마련해주는 데도 도움이 되고 있습니다. 주제통합적 접근을 통한 실천형 교육과정의 재구성은 특정한 주제를 중심으로 학습자의 능력과 흥미를 고려합니다. 그리고 교과와 사회적 그리고 시대적 요구 등을 반영한 학습내용을 구조적이고 조직적으로 결합하여 학습자에게 다양한 학습 상황을 접하게 해줍니다.

이상의 수업연구 방법들을 통해 능동적인 교사연구자들은 학교 현장에서 동료교사들과 함께 배우고 실천하는 상호협력을 수업연구의 새로운 방향으로 제시하고 있습니다. 그들은 수업연구에 상호협력이 작동할 때 교사들에게 의미 있는 피드백이 제공된다는 것을 알고 있기 때문입니다. 지금처럼 우리 학교 현장에 이렇게 다양한 수업연구 방법들이 들어와 적용된 적도 없는 것 같습니다. 이러한 수업연구 방법들의 실행이 교사의 가르침과 학생의 배움을 더욱 성장시킨다는 점에서는 참으로 고무적인 일입니다. 다만 우리가 들고 있는 이 '성찰'과 '협력'이 수업 성장의 외면 확장뿐 아니라 교사와 아이들의 내면을 진정으로 강화시키는 일인지 되돌아볼 때입니다.

[1] 참여형 수업분석 연구는 ≪수업 분석의 방법과 실제≫(천호성 저, 학지사)를 참조하였다.

[2] 배움중심 수업연구는 ≪수업이 바뀌면 학교가 바뀐다≫(사토마나부 저/손우정 역, 에듀니티)를 참조하였다.

[3] 교육과정 재구성 연구는 ≪수업을 살리는 교육과정≫(서우철 공저, 맘에드림)을 참조하였다.

[4] Elbaz(1981)에 의하면 교사의 실천적 지식이란 교사들이 가르치는 일을 결정하고 재구성의 방향을 잡기 위해 적극적으로 사용하는 복잡하고 실제 지향적인 일련의 이행체계라고 정의하였다.

[성찰협력형 수업연구 1단계] 수업계획 및 수업실행

성취기준 도달에 중점을 두어 보다 거시적인 안목으로 수업을 바라봐야 합니다.

성찰협력형 수업연구모형을 실행하기 위해 교사학습공동체 활동에 적극적으로 참여를 희망한 교사들과 함께 수업연구계획을 수립하였습니다. 교사학습공동체는 온라인과 오프라인에서 수업을 함께 공유하고 성찰하는 활동을 통한 협력적 수업전문성 개발을 목표로 합니다. 처음에는 자신의 수업을 교실 밖에 공개하고 수업성찰 활동에 협력적으로 참여하는 데 적극적인 교사들에 의해 시작되었습니다. 그들은 어떻게 수업을 전개해야 아이들에게 배움이 좀 더 효과적일지에 관심을 가졌고, 이를 해결하기 위해 서로의 수업을 공유하기 시작했습니다. 좋은 수업에 대한 열의가 넘치는 교사들은 각종 수업 연수에 참여하여 참여형 수업연구, 배움 중심 수업연구 그리고 교육과정의 재구성 등을 익히고 학교에서 실천하였습니다. 우리는 수업연구에 있어 교사들의 수업성찰과 협력수업이 중요함을 알게 되었고, 이를 구체적으로 실행해보기로 결정했습니다.

수업연구계획 수립하기
교과 및 단원의 성취기준 파악하기
학습자 실태분석하기(행동, 규범, 탐구, 이상)
단원 및 차시 지도계획 수립하기
지도계획에 대한 수업자 의도 작성하기
동료교사와 수업협의하기(성찰협력)
교수학습과정안 작성 지도서 교과서 메모하기
교수학습과정안 적용 및 수업실행하기

성찰협력형 수업연구는 먼저 교과의 특질을 이해하고 단원의 성취기준을 파악하는 것을 우선시했습니다. 그 이후 차시별 학습목표의 설정이라는 단계를 중요시했습니다. 성취기준에 대한 검토 없이 양질의 수업을 구성하기란 어렵다고 판단했기 때문입니다. 아쉽게도 전통적인 공개수업에 익숙한 일부 교사들은 한 차시 분량의 수업을 보다 완벽하게 포장하는 데 더 집중했습니다. 특히 교사학습공동체 온라인 수업분석실에 자신의 수업이 공개되는 상황 자체를 부담스러워하는 교사일수록 기존의 보여주기식 수업을 진행하려는 경향이 뚜렷했습니다. 또한 수업을 공개하는 교사와 참관하는 교사 모두를 힘들게 하는 상황이었고, 고민 끝에 이를 개선하기 위해 철저히 일상적인 수업을 연구하는 데 목적이 있음을 재차 밝혔습니다. 틀에 박힌 교수학습과정안 작성을 지양하고 평소 수업준비과정을 지도서 또는 교과서에 간단히 메모하고 캡처하여 공유하는 것에 만족하기로 했습니다. 그 대신 학생들의 학습실태를 철저히 파악해보고 단원의 특질에 기초한 출발점 행동을 보다 세밀하게 진단해보기로 했습니다. 교과의 모든 단원은 단계적 학습을 기초로 구성되었으므로 이전 단원이나 학년에서 익힌 개념을 얼마나 이해하는지 점검하는 것은 그리 어려운 일이 아니었습니다.

실제로 학습자 실태분석은 단원의 전체 맥락을 교실 상황에 맞춰 재구성하는 데 도움을 주었습니다. 동일 학년을 맡은 교사들의 수업이라도 각 교실의 학습 상황에 따라 수업의 주안점이 일부 달라져야 했으며, 그에 적합한 차시별 수업지도계획을 각 반별로 다르게 세워야 했습니다. 또한 수업지도계획은 학습목표가 같더라도 교사의 특질에 따라 교수학습 방법, 학습자원의 활용, 수행평가, 그리고 활동의 구성 등이 다르게 계획되었습니다. 어떤 교사는 수업의 중심을 핵심 개념을 전달하는 데 두었고, 어떤 교사는 학생들이 탐구하거나 토의하여 스스로 발견하는 탐구 중심의 수업을 계획하였습니다. 교사들의 서로 다른 수업 계획은 오히려 다양한 수업에 대한 논의를 열어주는 역할을 했습니다. 때에 따라서는 수업계획을 먼저 실행한 동학년 교사의 성공 및 실패 사례담을 보고 차시 지도계획을 급하게 수정하기도 했습니다. 이는 교사들이 단원 및 차시 지도 계획을 수립할 때 작성한 수업성찰일지를 보면 확인할 수 있습니다.

"오늘 1반의 수업을 참관한 건 내게 소중한 경험이 되었다. 동학년 선생님들과 이번 단원의 계획을 세울 때만 해도 아이들이 모둠별로 20분 동안 아시아 여행상품을 잘 만들 거라고 생각했었다. 특히 1반 선생님이 나누어 준 '여행상품 따라하기 학습지'가 아이들에게 크게 도움이 될 것 같았다. 하지만 마지막 종소리가 울릴 때까지 그럴싸하게 완성한 모둠이 한 모둠도 없었다는 게 믿기지 않았다. 아무래도 내일 우리 반 수업 계획을 조금 변경 해야 될 것 같다. 우리 반 아이들은 모둠 사전과제를 더 안 해올 텐데... 수석선생님의 조언처럼 개인별로 자기 파트를 완성해서 모둠별로 여행상품을 완성하는 것으로 계획을 수정해야 될 것 같다."

교사들은 이러한 수업고민을 가까운 동료교사들과 수시로 협의해 나갔습니다. 때에 따라서는 수업컨설턴트로 참여한 내게 적극적으로 찾아와 수업에 대한 자신의 고민을 이야기하기도 하였습니다.

"우리 반 몇 녀석이 아직도 작년 담임선생님을 그리워하고 있어요. 작년에 이 선생님은 어떻게 아이들을 지도하셨기에 아이들이 아직도 그리워하고 있는 건지 솔직히 부럽기도 하고, 제 수업을 왠지 손봐야 할 것 같다는 생각이 들어서 찾아왔어요. 수석선생님께서 좀 도와주세요. 이번엔 작심하고 아예 80분 블록수업으로 구성하여 아이들 활동을 좀 많이 넣어 보았어요. 그런데 두 차시를 연달아 진행해보려는 제 수업계획이 잘 구성된 건지 모르겠어요."

수업계획 후 수업실행은 교사들의 일상적인 일과입니다. 성찰협력형 수업연구는 그런 교사들의 일상 속에 담겨 있는 수업에 대한 고민을 담아보려고 노력하였습니다. 특히 수업계획을 교과 및 단원의 성취기준 도달에 중점을 두어 보다 거시적인 안목에서 수업을 바라보도록 노력했습니다.

[성찰협력형 수업연구 2단계] 수업성찰 및 수업분석

교사의 가르침이 학생의 배움으로 어떻게 연결되는지에 주목해야 합니다.

성찰협력형 수업연구에 참여한 교사들은 수업계획 및 수업실행의 과정에서 교사의 가르침이 학생의 배움으로 어떻게 연결되는지에 주목하기로 하였습니다. 일부 교사들은 학생들의 배움의 과정을 중점으로 수업을 성찰하길 희망했지만, 상당수의 참여교사들은 학생의 배움 못지않게 교사의 가르침을 정선해가는 과정 또한 매우 중요하다는 입장이었습니다. 수업을 성찰할 때에는 최소한 교사의 가르침과 학생의 배움에 대한 관찰 비율을 고르게 나누어 분석했습니다. 또한 수업성찰 및 수업분석은 수업자와 참관자가 함께 참여하되 수업자는 본인의 수업에 대한 수업성찰일지를 중심으로, 참관자는 수업에 대한 수업분석일지를 중심으로 작성하였습니다. 수업성찰일지는 수업자가 수립한 단원 및 차시 지도계획에 비추어볼 때 수업이 얼마나 효과적으로 이루어졌는지 수업자의 가르침과 학생의 배움 측면에서 되돌아보는 과정을 담았습니다. 그리고 수업분석일지는 수업자의 수업실행을 보다 세밀하게 진단하기 위해 참관자가 수업의 비평, 학생의 배움, 그리고 수업자의 내면을 수업분석의 삼각렌즈로 삼아 관찰하는 과정으로 전개하였습니다.

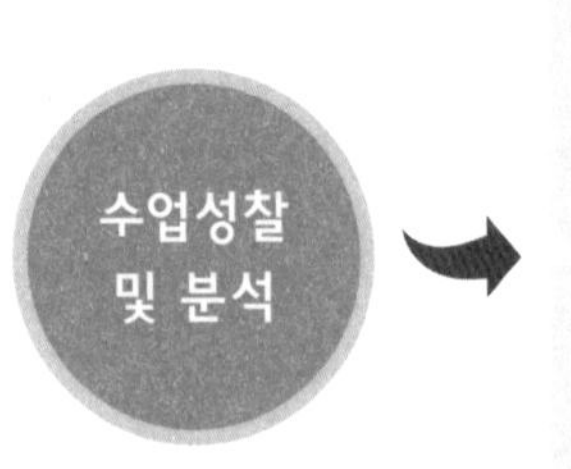

수업 전 수업을 예상하며 수업성찰하기
수업 중 학생을 관찰하며 생각하는 수업 전개하기
수업 후 가르침과 배움 측면에서 되돌아보기

수업에서 사용한 몰입의 기제 찾기
수업 속 의미를 찾는 수업비평하기
학생의 관점에서 수업 다시보기
학생의 배움에서 소외된 학생 찾기
가르침과 배움의 어긋나는 지점 찾기
교사의 내면 성찰하기

수업자의 수업성찰은 수업 전, 수업 중, 수업 후로 나누어 지속성을 갖도록 하였습니다.[1] 수업 전에는 단원 및 차시 지도계획이 학습자 실태분석에 따라 적절하게 수립되었는지를 점검하고, 학생들의 모둠 구성이 본 차시 수업전개에 효과적일지 고려해보며, 학습자 개별 특성이 수업을 통해 배움과 잘 연결될 수 있는지 등 다각적으로 수업을 예상하여 그 내용을 기록하였습니다. 수업 중에는 본 차시 수업자 의도에 맞게 교사의 가르침이 학생의 배움으로 연결되고 있는지, 배움의 점프는 어디에서 일어나는지, 배움이 주춤거리는 지점은 어디인지 등 학생들을 면밀히 관찰하여 생각하는 수업을 전개하는 데 도움을 주었습니다. 수업 후에는 수업의 성공요소, 실패요소, 점검이 필요한 요소와 미처 예상하지 못한 학생 및 상황 변수 등을 되돌아보고 교사의 수업성장을 위해 필요한 측면을 기록하였습니다. 교사 입장에서 이런 식으로 수업성찰을 기록하는 것은 쉽지 않은 도전이었습니다. 하지만 수업성찰 기록에 대한 연구자의 예시 자료를 먼저 보여주자 보다 진지하게 참여하는 교사들이 늘어났습니다. 이는 참여교사들의 수업성찰일지를 통해 알 수 있었습니다.

"활동 1에서 고유어, 한자어, 외래어, 외국어를 분류해보는 활동을 처음에는 개인별로 시켰는데, 아이들이 스스로 모둠 대형으로 바꾸어 상의해도 되냐고 물어보았다. 협력적인 배움을 통해 집단 지성을 이용하는 모습이 개인적으로 감동으로 다가왔다. 처음부터 교사가 모둠별 활동으로 제시하지 않고 혼자 하기 어려운 과제를 주고 그 어려움에 부딪치게 하는 연습을 시킨 것이 잘된 점 같다. 또한 한자어와 고유어가 헷갈리는 경우가 많은데 아이들과 교사가 함께 확인해보는 과정에서 국어사전을 이용하여 아이들 앞에서 국어사전을 찾고 함께 알아가는 부분이 기쁨으로 다가왔다. 교사인 나와 아이들이 함께 뭔가를 배운다는 생각이 들었기 때문이다. 아쉬운 것은 활동 3을 시간이 부족하여 다음 시간으로 미루었다는 점이다. 또 활동 2는 교사인 나도 헷갈리는 단어들이 누리집에 나와서 활동 1보다 조금 산만하게 진행되었다. 교사의 철저한 수업준비가 얼마나 중요한지 다시 한 번 깨닫게 된다. 활동 3을 시간 안에 하지는 못했지만 그래도 아이들이 고유어의 소중함과 생활 주변에서 고유어가 아닌 단어들이 많이 사용되고 있다는 것을 몸으로 깨닫는 시간이 된 것 같다. 아이들이 즐거워했기에 덩달아 나 또한 즐거운 수업이었다."

참관자의 수업분석은 가능한 한 수업을 전개한 수업자의 수업성찰을 사전에 숙지하고, 수업의 계획부터 실행까지 수업자가 어떤 고민을 하면서 수업연구에 참여하는지를 이해하고 진행하는 것을 바탕으로 하였습니다. 특히 참관자가 수업의 안과 밖에서 수업을 보다 객관적으로 바라볼 수 있도록 수업분석의 관점을 수업의 비평, 학생의 배움, 교사의 내면으로 초점화했습니다.[2] 먼저 수업의 비평적인 관점은 교사가 수업에서 사용한 몰입의 기제가 무엇인지, 그 기제는 본 차시 수업에 적절한지 또는 수업에 효과적으로 적용되고 있는지 등을 분석하였습니다. 이러한 수업 비평은 단순히 수업을 비판하는 것이 아니라 수업에 담긴 의미 있는 지점을 찾아내는 것에 중점을 두었습니다. 그리고 학생의 배움적인 관점은 수업을 통해 배움이 활발하게 일어나는 학생은 누구인지, 반대로 배움에서 소외되는 학생은 누구인지 등을 분석하였습니다. 이렇게 학생의 배움 관점에서 수업을 다시 바라보는 활동은 교사만의 수업이 아니라 교사와 학생 모두에게 유익한 수업이 되도록 수업의 방향을 잡아주는 데 큰 도움이 됩니다. 마지막 교사의 내면적인 관점은 수업 이면에 담겨 있는 교사의 자신감, 두려움, 상실감 등 교사의 심리적인 갈등을 분석하였습니다. 여기에서 수업분석은 교사의 가르침과 학생의 배움에 있어 어긋나는 지점을 찾아보고 수업과 관련된 교사의 내면을 이해하는 데 중점을 두었습니다. 한 참관자의 수업분석일지를 살펴보면 보다 쉽게 이해할 수 있을 것입니다.

"선생님, 리코더 2중주 연주하기가 위와 아래 성부로 나뉘어져 조화롭게 연주되는 모습을 보니 전 차시 학습이 얼마나 재미있게 진행되었을지 상상이 되었어요. 특히 〈밤의 작은 음악〉의 주제 가락을 '딴딴', '랄라', '시시' 등으로 불러보는 아이들의 모습을 보면서 3학년 아이들이 그동안 음악을 얼마나 즐겨했는지 교사가 얼마나 흥미롭게 지도했는지를 엿볼 수 있어 좋았습니다. 또 주제 가락에 어울리는 가사를 만들기 위해 아이들과 마인드맵으로 자신의 생각을 창의적으로 적어보는 과정에서는 전체 학생들과 상호작용이 아주 잘 되었습니다. 이러한 확산적 브레인스토밍이 59쪽 주제가락 만들기 활동에서 창의적인 아이디어 산출로 이어졌음이 분명하며 〈밤의 작은 음악〉을 모둠별로 돌아가며 발표하는 과정이 창작한 주제가락 노래 부르기와 리코더 2중주 연주하기로 잘 이루어지도록 만든 것 같습니다. 배움의 측면에서 볼 때에도 아이들 대부분이 주제가락 창작에 흥미롭게 참여하였으며, 리코더 2중주 연주하기가 배경음악으로 활용되어 창작한 노래가 보다 선명하게 활용되고 있었습니다. 때에 따라서는 리코더 연주를 모두가 부르는 것보다 위 성부와 아래 성부를 잘 부르는 친구 몇 명만이, 그리고 모둠이 돌아가며, 또는 모둠 안에서 나누어 연주하고 남은 아이들은 경청을 해보는 것도 배움에서 소외된 아이들을 참여시킬 수 있는 좋은 방법이 될 것 같아요. 오늘 3학년 아이들의 음악수업을 자신감 있게 지도하는 선생님의 수업을 보면서 저까지 힐링이 되었답니다. 아이들이 이렇게 활발하게 소통하는 음악수업을 앞으로도 계속 부탁드립니다."

[1] 수업성찰 부분은 좋은교사 수업코칭연구소의 수업 전,중,후 틀을 사용했다.
[2] 수업분석 부분은 ≪교사, 수업에서 나를 만나다≫(김태현 저, 좋은교사)에서 제시한 아이디어를 인용했다.

[성찰협력형 수업연구 3단계] 수업코칭 및 수업협력

아이들의 배움과정을 그려보고 수업경험을 함께 나누는 수업의 의미 찾기가 필요합니다.

수업코칭 및 수업협력은 수업자의 수업성찰과 참관자들의 수업분석을 매개로 수업성장을 이루는 데 목적을 두었습니다. 교사들의 수업시간과 교실 공간의 제약으로 수업공개 및 참관은 제한적일 수밖에 없기 때문에, 이를 극복하고 더 많은 교사들에게 수업을 공개하여 수업에 대한 담화를 보다 넓히기 위해 교사학습공동체의 온라인 수업분석실을 활용하였습니다. 일부 교사들은 자신의 수업 및 수업성찰 그리고 수업분석에 대한 이야기들이 공개 및 공유되는 것에 부담을 느껴 수업영상이나 일지 대신 수업사진 및 교수학습과정으로 대체하는 경우도 있었습니다. 하지만 이 역시 시간이 지남에 따라 자연스럽게 완화되어 갔습니다. 오프라인에서 참여교사들과 함께 나누는 수업협의 및 분석자료들을 가능한 한 온라인에서도 공유하여 미처 참여하지 못한 교사들까지 동참시키고자 노력하였습니다. 참여교사들의 수업코칭 및 수업협력 활동을 통해 수업공개 차시뿐만 아니라 단원의 성취기준에 적합한 수업으로 재구성되는 노력이 지속적으로 이루어질 수 있도록 하는 데 중점을 두었습니다.

학생들의 배움과정 그려보기
수업을 통해 드러난 궁금한 점 물어보기
수업자가 발견하지 못한 지점 이야기하기
배움에서 주춤거리는 학생에 대해 의견 나누기
수업과 관련된 참관자의 수업경험 나누기
교사의 수업성장에 도움이 되는 의미 찾기

수업코칭은 수업자와 참관자가 함께 학생들의 배움과정을 그려보는 것부터 시작하였습니다. 수업코칭의 무게중심을 수업자의 수업설계보다 학생의 배움과정에 둔 것은 수업자가 참관자에게 마음의 문을 열고 대화의 장으로 나오게 하는 데 큰 도움이 되었습니다. 일부 교사의 경우 수업설계에 부담을 갖고 있었고, 기존의 전통적인 수업장학에서 수업설계만을 중점적으로 다루어 다소 부작용이 있었음을 감안한 방법이었습니다. 또 수업코칭은 참관자의 일방적인 지적이 아니라 동등한 위치의 수업친구로서 수업을 참관하며 궁금한 점 등을 질문하는 분위기로 만들어 갔습니다. 질문 역시 학생들의 배움과정을 되짚어보고 학생 개인별 또는 모둠별 수업참여 모습을 중심으로 이루어졌습니다. 마지막으로 참관자는 수업자가 발견하지 못한 지점을 이야기하되 수업자를 이해한 상태에서 진행하도록 하였습니다. 아무리 좋은 수업코칭이라도 수업자가 받아들일 준비가 되어 있지 않으면 역효과를 낸다는 점에서 가능한 한 수업자의 현재 위치 및 수업상태를 이해하려고 노력하였습니다.

수업협력의 초점은 수업자와 참관자가 서로 동등한 관계에서 수업을 통한 교사학습공동체를 형성해가도록 조력하는 데 있습니다. 수업자는 수업 준비과정부터 실행까지를 공개함으로써 수업이 의도한 대로 진행되었는지를 성찰해보고, 참관자는 수업자의 수업을 분석하고 코칭하며 자신의 모습을 성찰해보는 계기를 만드는 것이 목적입니다. 성찰협력형 수업연구에서는 수업자와 참관자 간 수업협력을 배움에서 주춤거리는 학생에 대한 의견을 나누는 것으로 시작하였습니다. 수업을 진행하다 보면 배움의 점프를 하는 학생들보다 배움에서 주춤거리는 학생이 수업자와 참관자의 눈에 더 띄기 때문입니다. 수업자와 참관자가 같은 고민을 공유할 때 수업협력이 자연스럽게 활성화될 수 있습니다. 또한 본 차시 수업과 관련된 참관자의 수업경험을 나누는 것도 의미가 있었습니다. 수업자는 참관자의 수업경험을 듣고 수업을 되돌아보며 성찰할 수 있으며 수업경험을 나누고 자신의 수업분석을 재정리하여 상호 수업성장의 계기로 삼을 수 있습니다.

곽 교사 아~, 스마트폰으로 1학년 아이들의 목소리를 녹음해서 들려준다는 게 참 어렵군요.

정 수석 웬걸요. 아이들은 즐겁게 참여하던데요. 특히 수줍어하던 민지가 용기를 내어 발표하는 모습에서 희망이 보였어요.

임 교사 교실이 좀 시끄럽긴 했지만 대체로 즐겁게 참여하는 모습이 저도 보기 좋았어요. 곽 선생님이 직접 돌아다니면서 녹음하고 그 자리에서 아이들에게 바로 들려준 이유가 있었나요?

곽 교사 그거요? 아이들의 목소리 크기가 달라서 자신이 알맞은 말하기를 하는지 좀 더 정확하게 알려주고 싶어서 그랬는데 막상 해보니 오히려 주의집중이 더 안 되더군요.

정 수석 교실이 좀 산만하긴 했지만, 그건 스마트폰을 교수학습자료로 활용했기 때문이라기보다 아이들과 교사 간 발표 규칙이 안 세워졌기 때문인 것 같아요. 오늘 곽 선생님께서 '박수 세 번 시~작!' 구호를 굉장히 많이 외치신 거 아시죠? 그런데도 불구하고 아이들은 집중하지 못하더라고요. 왜 그런다고 생각하시는지요?

김 교사 오늘 보니 곽 선생님이 인내심이 많더라고요. 저 같았으면 한 소리 질렀을 텐데... 저는 수업이 어수선하면 아이들에게 언성을 높이는 편이거든요.

곽 교사 2학기 들어 1학년 아이들이 더 어수선한 것 같아요. 예전에는 그래도 '박수 세 번 시~작!' 하면 저에게 집중하곤 했는데 갈수록 더 엉망이 되는 것 같아요.

정 수석 아니에요. 오늘 아이들을 향한 곽 선생님의 인자한 말투와 사랑스런 눈빛은 저에게도 감동적이었어요. 하지만 아이들이 수업의 흐름 자체를 방해하는 상황이라면 내가 하고 있는 주의집중 방법 또는 발표규칙에 뭔가 문제가 있지는 않는지 점검할 필요가 있어요. 자율적인 교실에서 자율(自律)이란 율(律)이 바르게 세워질 때 자(自)도 가능한 법이거든요.

임 교사 역시 수석선생님이시네요. 우리 반에서 저는 제가 '여기를~'이라고 선창하면 아이들이 '보세요~!'라고 일제히 외치며 바로 열중쉬어 자세를 취하거든요. 교실에서 발표규칙을 세워 나가는 것이 중요하다고 생각했어요.

곽 교사 그러게요. 발표규칙을 아이들과 세워 나가는 것이 중요한 건 알겠는데 어떻게 해야 하는지 조금 더 알려주세요.

이렇게 수업코칭 및 수업협력은 수업성찰과 수업분석 후 수업자와 참관자 간 일대일 형식 또는 협의회 형식 등으로 상황에 따라 다양하게 적용할 수 있습니다. 수업코칭은 대부분 고경력교사와 저경력교사가 한데 모여 수업대화를 나누는 경우가 많습니다. 그리고 수업협력은 수업에 참관한 동료교사들이 함께 모여 수업나눔 형식으로 진행되는 경우가 많지요. 하지만 두 경우 모두 수업대화의 관점을 수업성찰 및 수업분석일지에서 도출한 후 상호 협력하길 권장합니다.

[성찰협력형 수업연구 4단계]
수업재구성 및 수업반영

단원의 전체 맥락 및 이전 차시와의 관련성 그리고 학습실태의 재평가로 이루어집니다.

교육과정의 넓은 의미로 살펴보면 교실 수업에서 수업의 재구성은 교사의 일상적인 반복 활동으로 이루어집니다. 성찰협력형 수업연구에서는 수업연구의 최소 단위를 교과의 단원으로 설정하고, 단원의 성취기준 도달을 위한 수업재구성을 교실 상황에 맞게 수시로 진행하기로 하였습니다. 수업의 재구성은 단원의 성취기준에 맞춰 각 차시별 수업으로 계획되지만, 수업실행 후 실제 교사의 수업계획이 수업자 의도처럼 학생의 배움으로 연결되었는지 교사의 수업성찰과 수업분석을 통해 재점검해야 합니다. 특히 단원의 전체 학습이 종료될 때까지 수업재구성 및 반영 후 수업성찰 및 분석 그리고 수업코칭 및 수업협력의 단계를 다시 거치는 순환과정을 반복하였습니다. 최종 단원의 성취기준에 도달한 이후에는 다시 처음 수업계획 및 실행 단계로 넘어가 새로운 단원의 전체 맥락을 살펴보고 수업운영계획을 구성하였습니다.

교과 및 단원의 성취기준 재검토하기
학습자 실태 재평가하기
다음 차시 수업 재구성하기
동료교사와 수업 재협의하기(성찰협력)
교수학습과정안 작성 또는 지도서 교과서 메모하기
교수학습과정안 반영 및 수업실행하기

교사들은 다음 차시 수업을 준비하며 단원의 전체 맥락과 이전 차시와의 관련성 그리고 학생들의 학습실태를 재평가하였습니다. 학습실태의 재평가는 학생들이 배움을 통해 학습성장을 얼마나 이루었는지를 점검하여 자리배치 및 모둠 구성을 달리하게 만들기도 했습니다. 때에 따라서는 다음 차시 학습과제를 미리 안내하기도 하였고, 차시별 교차 수업을 진행하거나 이어지는 차시를 묶어 블록수업으로 구성하기도 하였습니다. 이는 교사들이 재작성한 수업자 의도를 통해 알 수 있습니다.

"전 차시에서 상대방의 마음을 헤아리며 칭찬하는 말을 주고받는 방법을 학습할 때 준기가 있는 모둠에 문제가 조금 있었습니다. 그래서 다음 차시에서는 가급적 모둠원 모두가 상황에 맞게 서로 칭찬하는 말을 주고받는 활동에 적극적으로 참여할 수 있도록 실생활에서 다양하게 칭찬하는 말을 할 수 있는 기회를 모두에게 주는 데 초점을 두었습니다. 먼저 동기유발 단계에서 칭찬의 중요성을 어깨짝과 이야기하며 다시 한 번 상기하도록 하였고, 활동 1에서 상황에 맞게 칭찬하기를 통해 머리짝의 마음을 헤아리며 칭찬하는 말과 대답하는 말을 주고받아야 함을 숙지하게 하였습니다. 그리고 익숙한 동화를 간단하게 각색한 미완성의 대본을 나누어주어 알맞은 말을 넣어보고 모둠원들과 함께 역할놀이로 칭찬하기 활동을 하도록 구성하였습니다. 그리고 활동을 정리하면서 칭찬릴레이로 잘한 친구들을 칭찬하면서 마무리하여 학급에서 서로 칭찬하는 문화를 정착시킬 수 있도록 재구성하였습니다. 잘 될 수 있을지 걱정입니다."

수업자 의도의 재작성은 처음 단원에 대한 전체 수업계획을 수립하며 작성했던 수업자 의도보다 더 풍성해졌습니다. 특히 학습자 상황에 대한 재평가의 내용이 반영되어 교사와 학생 간 보이지 않는 상호작용이 더 세밀하게 이루어지고 있음을 알 수 있었습니다. 또한 일부 교사들은 수업 재구성 및 반영에서 동료교사와 다음 차시 수업에 대한 재협의를 이루며 새로운 수업성장의 동력을 찾기도 했습니다.

"쉬는 시간에 4학년 한 선생님으로부터 쪽지가 왔다. 잠시 수석교사인 나와 상담하고 싶다는 내용이었다. 선생님은 2학기가 시작되면서 갑자기 증반이 되어 학급이 재편성된 아이들이 이전반 선생님을 자주 그리워하는 모습을 보여 무척 속상하다고 했다. 선생님만의 특색 있는 수업을 통해 아이들과 활발하게 소통하고 싶은데 그게 쉽지 않다는 것이 고민이었다. 우리는 자연스럽게 수업이야기를 나누었고 국어 3단원 5차시 수업공개를 하며 성찰협력형 수업연구를 해보기로 마음먹었다. 선생님은 3단원 5, 6차시를 한 차시로 통합하여 뭔가 의미 있는 수업을 진행해보고 싶어 했다. 우리는 3단원이 '예절을 지키며 친구들과 대화하기'라는 큰 주제가 있음에 주목하고 이번 수업을 통해 친구들과 보다 가까워질 수 있는 계기를 마련해보기로 했다. 또한 2차시 분량을 1차시 분량으로 통합하여 조정하다 보니 불필요한 학습 내용은 과감하게 삭제하고, 선생님과 아이들 간 그리고 아이들과 아이들 간 상호작용이 보다 활발하게 이루어질 수 있는 수업을 보다 의미 있게 재구성해보기로 했다."

성찰협력형 수업연구에 대한 교사들의 말, 말, 말

성취기준에 따른 재구성, 자기성찰 활동, 동료교사와의 협력과정의 의미를 찾습니다.

성찰협력형 수업연구의 실행이 교사들의 협력적 수업전문성 개발에 얼마나 도움이 되었는지를 조사하기 위해 수업자가 제출한 수업계획서 및 수업성찰일지, 참관자가 제출한 수업동영상 및 수업분석일지, 그리고 수석교사로 참여한 내가 동료교사들과 함께 작성한 수업협의록 및 수업 컨설팅일지를 검토하여 비평하였습니다.

수업계획서 및 수업성찰일지에 대한 비평기준

먼저 수업계획서 및 수업성찰일지의 비평기준을 다섯 가지로 세우고, 분기별로 비평했습니다. 그 결과 1분기에는 교수학습과정안 작성 등 수업의 외형적인 요소에 치중하던 모습이 4분기로 갈수록 단원의 성취기준을 근간으로 하는 수업구성이 차시별로 이루어졌으며, 교사의 가르침이 학생의 배움으로 얼마나 자연스럽게 녹아 들어가는지 수업의 내면을 성찰하는 모습으로 발전해갔습니다.

첫째, 단원의 성취기준이 명확하게 분석되어 차시별 수업이 잘 구성되었는가?

둘째, 학습자 실태분석이 단원의 성취기준에 맞추어 이루어져 학생 배움에 대한 계획이 잘 세워졌는가?

셋째, 수업의 주도권이 차시별 수업의 특성에 따라 교사지도와 학생참여 비율로 적절히 배분되었는가?

넷째, 학생의 실생활과 연결된 과제부여 및 수행평가가 얼마나 현실적으로 계획되었는가?

다섯째, 수업자의 숨은 의도가 교사의 가르침과 학생의 배움 측면으로 나뉘어 잘 표현되었는가?

수업동영상 및 수업분석일지에 대한 비평기준

수업동영상 및 수업분석일지에 대한 비평기준은 다음과 같이 정하고 분기별로 비평했습니다. 그 결과 1분기에는 교수학습모형 중심의 몰입기제와 교사와 학생 간 상호작용을 통한 배움 형성 연구에 중점을 둔 반면 4분기로 갈수록 몰입의 기제를 단원 전체 맥락 속에서 찾고자 노력하고 상호작용을 통한 배움 형성의 방법을 교사-학생, 학생-학생, 학생-학부모 등 다양한 방법으로 확대하였습니다.

첫째, 교사가 사용한 몰입의 기제는 수업 중 효과적으로 적용되고 있는가?

둘째, 교수학습 활동계획이 본 차시 수업목표 도달에 효과적으로 전개되고 있는가?

셋째, 학생들의 자리배치 및 모둠활동이 학생의 배움으로 잘 연결되고 있는가?

넷째, 수업을 통해 배움이 활성화되는 학생과 배움 형성의 어려움을 겪는 학생들이 잘 지도되고 있는가?

다섯째, 수업이면에 담겨 있는 교사의 심리적인 갈등이 잘 분석되고 있는가?

수업협의록 및 수업컨설팅일지에 대한 비평기준

마지막 수업협의록 및 수업컨설팅일지에 대한 비평은 Mehan(1979)[1]의 수업구조 분석방법을 근간으로 하였습니다. Mehan은 수업구조를 계열적 조직(sequential organization)과 위계적 조직(Hierarchical organization)으로 나누어 분석하였습니다. 성찰협력형 수업연구에서 수업협의와 수업컨설팅 과정을 살펴본 결과 전반기에는 주로 수업의 계열적 조직을 중심으로 수업의 시작에서부터 수업의 종료까지 전개되는 수업의 흐름을 분석하였습니다. 그리고 하반기에는 수업의 위계적 조직을 중심으로 수업을 이루는 각 구성요소들의 결합을 분석하였습니다. 전반기 수업협의회에서는 교사의 발문–학생들의 응답–응답에 대한 평가–교사의 재발문의 과정이 얼마나 효과적으로 이루어졌는지 수업의 계열적 조직에 대한 논의가 활발하게 이루어졌습니다. 이에 전반기 수업컨설팅에서는 수업에서 교사의 역할을 학생들의 확산적 사고를 이끌어주는 창의적인 발문 조력자로 보는 경향이 있었습니다. 반면 하반기 수업협의회에서는 수업의 흐름에 영향을 주는 요소들을 교육과정, 교수법, 교과내용, 학생실태분석, 학습자원의 활용, 수행평가방법, 상황맥락 등 다각적인 측면에서 논의하였습니다. 또한 하반기 수업컨설팅에서는 수업에서 교사의 역할을 학생들이 자기주도적으로 수업에 참여할 수 있도록 단원의 맥락을 재구성하는 수업전문가로 규정하고 있었습니다.

그리고 교사들의 말, 말, 말

이러한 수업비평과 더불어 교사학습공동체에 참여한 교사들을 대상으로 설문조사를 실시했습니다[2]. 교사학습공동체에 참여한 교사들은 성찰협력형 수업연구모형의 실행이 협력적 수업전문성 역량 향상에 도움이 되었다고 평가하였습니다. 특히 수업성찰 및 수업분석 역량에 매우 도움이 되었다는 의견이 많았습니다. 그리고 단원의 성취기준에 대한 적용, 수업의 재구성 및 수업반영 역량, 활발한 상호작용 및 배움형성 역량에도 도움이 되었다는 의견이 많았습니다. 이에 비해 구조화된 수업전개와 시간관리역량과 효율적인 수업환경 조성역량에 대한 평가는 비교적 낮게 나타났습니다. 이러한 원인을 알아보기 위해 수업연구에 참여한 교사집단을 경력별로 나누어 표적집단면접을 실시하였습니다. 우선 저경력 교사집단은 수업모형에 따른 수업의 구조화가 익숙하지 않아 교실 수업에서 시간안배를 적절하게 맞추어 진행하기가 어렵다고 하였습니다. 그리고 중경력 교사집단과 고경력 교사집단은 성찰협력형 수업연구에 집중하다 보니 수업환경 조성에 대한 생각이 뒷전으로 미루어진 경향이 있다고 답변하였습니다. 고경력 교사집단은 차후 성찰협력형 수업연구의 재실행 과정에서는 참여교사들의 수업연구 계획에 교실과 복도 등을 활용하여 학생들의 산출물을 활용한 수업환경 조성에 대한 계획을 추가하자고 제안하기도 했습니다.

참여교사들의 설문 후 성찰협력형 수업연구모형을 한 해 동안 실행하면서 무엇을 배웠는지 자유롭게 기술하라고 했더니 대부분의 참여교사들이 수업의 효과성을 한 차시에 국한하지 않고 단원의 성취기준에 맞춰 재구성하는 수업연구 과정을 언급하였습니다. 또한 수업의 과정을 전, 중, 후로 나누어 수업자 스스로 자기성찰 활동을 하고 수업분석의 관점에 맞춰 분석활동을 하는 과정에서 많은 것을 배웠다고 밝혔습니다. 학생의 배움과정을 따라가 보고 배움에서 주춤거리는 학생을 찾아 어떻게 지도해야 할지 동료교사들과 함께 이야기를 나누는 협력과정 등에 의미를 두는 교사가 많았습니다.

"저에게 성찰협력형 수업연구는 수업을 바라보는 최소 기준을 한 차시에서 특정 단원 즉, 단원의 성취기준으로 넓히는 계기를 마련해준 것 같아요. 전에는 수업공개를 해도 그 차시만 놓고 고민하기 바빴는데 지금은 적어도 한 차시가 아닌 그 단원의 전체 목표를 염두에 두게 되었어요."

"올 한 해만큼 성찰일지를 많이 써본 적도 없었던 것 같다. 내 수업을 놓고 수업의 전, 중, 후로 나누어 다시 되돌아보는 성찰활동이 참 의미 있게 다가온다. 수업성찰일지는 쓰면 쓸수록 쓸 말이 많아지는 것 같다. 참, 그것보다 동료교사들이 써준 수업분석일지가 더 놀라웠다. 특히 우리 반 아이들의 배움과정을 이렇게 상세하게 분석해가는 선생님들이 더 대단해 보인다. 수업을 학생의 배움 측면에서 바라보고 분석을 시도한다는 것 자체가 생각해보면 고마운 일인 것 같다."

"일단 수업코칭을 통해 내가 궁금한 점을 물어볼 수 있는 공식적인 자리가 있어 좋았습니다. 특히 수석선생님의 수업을 직접 보고 배울 수 있어서 좋았고 수업 후 짬을 내 잠깐씩 저에게 코멘트해주시는 말들이 제 머릿속에 오래 남았답니다. 지난번에 교사가 수업을 진행할 때에도 아이들끼리 긍정적인 상호작용을 하고 있다면 조금 어수선하더라도 그냥 놔두는 것이 좋겠다는 말씀이 가장 많이 기억납니다. 아직은 배울 게 많아서 제 수업의 부족한 점 등을 늘 세밀하게 말씀해주시는 동료선생님들이 옆에 계셔서 더 많이 배울 수 있었던 것 같습니다."

[1] Mehan, H.(1979), Learning Lessons, Cambridge, Mass.: Harvard University Press.

[2] 설문조사는 성찰협력형 수업연구모형의 실행이 협력적 수업전문성 개발에 도움이 되었는지를 질문하였는데, 이때 협력적 수업전문성의 구인은 한국교육과정평가원(2006)과 정민수·부재율(2013) 등의 연구를 토대로 도출되었습니다.

생각을 여는 수업성찰

※ 지금 나를 돌아보는 시간을 가져보세요. 또는 가장 기억에 남는 글을 적어보세요.

01. 아이들이 선생님의 통시대적 관점을 이해하고 따라오나요?

02. 선생님 주변의 Teacher-Researcher에 대해 말해주세요.

03. 최근에 선생님이 진행한 수업의 거시적인 안목은 무엇인가요?

04. 선생님의 가르침이 아이들의 배움으로 잘 연결되고 있다고 생각하나요?

05. 선생님이 실시한 수업코칭이나 동료교사들과 함께한 수업협력을 소개해주세요.

06. 선생님이 재구성한 수업이 학습실태의 재평가로 이루어진 경험이 있나요?

07. 선생님의 수업성찰이 동료교사와의 협력과정 중 어떤 역할을 하고 있나요?

지혜를 나누는 협력수업

※ 협력으로 깨울 수 있는 건 무엇일까요? 함께 나누고 싶은 이야기를 적어보세요.

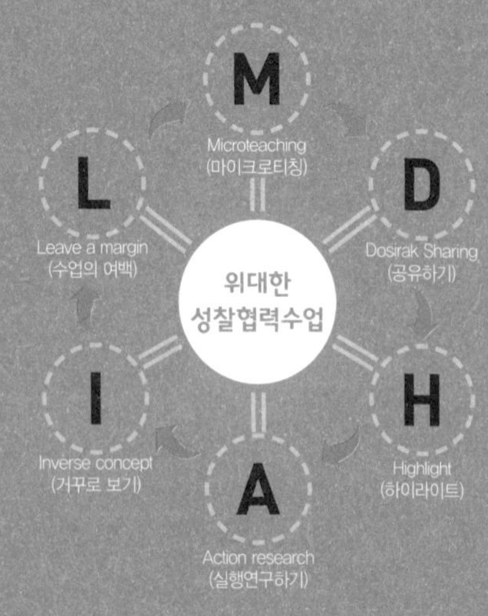

엠디헤일(MDHAIL)은 수업 도시락 엠디랑(MDrang.net)과 축복의 인사 헤일(Hail)의 합성어로 위대한 성찰협력수업의 핵심 키워드입니다. 또한 선생님들의 겸손한(Modest) 수업 도시락(Dosirak)을 보다 효율적으로 나누기 위한 전략이기도 합니다. 교실을 답답한 마음으로 바라보는 많은 교사들이 기적의 수업 도시락을 만드는 데 큰 도움이 될 거라 믿습니다.

4부

위대한 성찰협력수업을 만드는 6가지 키워드: 엠디헤일(MDHAIL)

M: 마이크로티칭, 배움의 기쁨을 누려라

마이크로티칭(Microteaching) 상호 가르침을 통해 배움의 기쁨을 누리도록 하라!

마이크로티칭(Microteaching)은 수업의 내용을 축소하여 수업분석자가 수업자의 수업내용을 관찰하고 분석하는 모의 수업활동을 말합니다. 교사의 수업개선에 도움을 주는 것을 목적으로 하며, 어떤 점을 주로 관찰하고 분석할지에 초점을 맞추고 접근하는 것이 바람직합니다. 마이크로티칭은 참여한 교사들이 학생 역할과 수업분석자 역할을 동시에 할 수 있어 성찰협력수업을 연구하는 데 많이 활용되고 있습니다. 마이크로티칭을 통해 학생 역할을 해보면 교사의 관점으로만 바라보던 수업을 학생의 관점에서 성찰해볼 수 있습니다. 교사의 자리에서 잠시 내려와 학생 자리에 앉아 수업에 참여하는 이런 경험은 교사가 좋은 수업을 만들어가는 데 꼭 필요합니다. 학생의 입장을 머릿속에 그려가며 수업을 계획하긴 하지만 한계가 있을 수밖에 없는 것이, 학생의 입장이 아니라 교사의 위치에서만 바라보기 때문입니다. 그런 점에서 마이크로티칭은 학생 역할로 참여하는 교사들에게 큰 영감을 주는 데 매우 효과적입니다.

마이크로티칭이 성찰협력수업에 큰 영향을 주는 이유를 몇 가지로 나누어 살펴보면 다음과 같습니다. 첫째, 마이크로티칭은 자발적인 수업참여에 의해 자신의 수업을 성찰하도록 이끌어줍니다. 교사의 수업성장은 자발적인 수업연구에 의해 활발하게 일어납니다. 마이크로티칭에 참여한 교사들은 교사와 학생의 입장을 모두 고려해야 하므로, 수업 장면 속에서 교사가 생각하고 고민하는 활동이 활발해질 수밖에 없습니다. 둘째, 마이크로티칭은 동료교사들과 협력하여 수업을 배울 수 있도록 이끌어줍니다. 마이크로티칭은 수업에 참여한 교사들에게 본 수업에서 협력하여 수행할 활동과제들을 던져줍니다. 교사들은 학생 역할을 해보며 동료교사들과 상호 협력하며 과제수행 및 결과발표 등에 참여합니다. 이런 배움의 참여과정은 참여한 교사들이 협력수업의 중요성을 체득하도록 만들어줍니다. 셋째, 마이크로티칭은 가르침과 배움을 직접 체험함으로써 수업을 어떻게 전개해 나가야 할지에 대한 새로운 영감을 얻게 합니다. 마이크로티칭에 교사의 신분으로 참여한 선생님들은 본 수업을 전개하는 수업자의 가르침을 익히게 됩니다. 동시에 학생 역할을 해보며 학생들의 배움과정을 그려보게 됩니다. 마이크로티칭을 통해 교사의 가르침이 학생의 배움으로 어떻게 연결되는지, 어떤 부분에서 어긋날 수 있는지 보다 다양한 관점에서 수업을 성찰할 수 있게 됩니다.

또한 마이크로티칭은 아이들의 성찰협력학습을 열어주는 데 기여합니다. 교사가 마이크로티칭을 통해 성찰협력수업을 고민한다면, 아이들이 참여하는 마이크로티칭은 성찰협력학습을 통해 배움의 기쁨을 누리게 합니다. 첫째, 마이크로티칭은 아이들이 학습의 주도성을 갖게 합니니다. 교사가 학생을 가르치는 것처럼 아이들도 친구들에게 자신이 가지고 있는 지식을 전달하려 할 때 수업에 더 주도적으로 참여할 수 있게 됩니다. 둘째, 마이크로티칭은 아이들이 학습의 개념을 명료하게 기억하도록 도와줍니다. 주요 학습의 개념을 선생님에게 듣기만 한 아이들에 비해 친구들에게 서로 설명한 아이들이 더 오랜 시간동안 그 개념을 명료하게 기억합니다. 셋째, 마이크로티칭은 학습의 내용을 더욱 풍성하게 해줍니다. 교사가 일방적으로 수업을 이끌어갈 때보다 아이들과의 상호작용이 늘어나면서 아이들이 새롭게 익히고 배워가는 학습내용이 더욱 탄탄해질 수 있습니다.

지금 우리의 학교 현장은 상호 가르침을 통해 배우는 학습문화를 조성하려는 노력이 절실합니다. 그 어느 때보다도 교실의 벽은 높아져 있고 교사들 간의 마음의 창은 닫혀 있어 서로의 생각을 어루만져줄 동료교사가 필요한 상황입니다. 교실 아이들의 모습은 어떤가요? 갈수록 이기주의 문화가 팽배해져 한 교실 안에서 거의 한 해를 함께 보내는데도 불구하고 서로를 이해하고 받아주지 못하는 아이들이 많아지고 있습니다. 이런 때 마이크로티칭을 통해 함께 익히고 나누는 성찰협력수업을 전개한다면 수업을 바라보는 학교문화가 보다 밝아질 것입니다. 또한 아이들 간에 서로 협력하여 가르쳐주고 배우는 성찰협력학습이 자리매김한다면 교실이라는 작은 사회가 우리 아이들에게 희망이 될 수 있을 것입니다. 위대한 성찰협력수업은 열린 마음으로 참여하는 마이크로티칭을 통해 한 발 더 가까이 다가올 것입니다.

D: 당신의 수업 레시피를 공개하라

공유하기(Dosirak Sharing) 성찰의 내용을 기록하여 나누고 협력의 결과물을 공유하라!

학교 수업문화의 가장 안타까운 점 중 하나를 꼽으라면 바로 수업공유가 잘 되지 않는다는 점입니다. 이런 폐쇄성은 교사들의 수업전문성 향상에 방해가 됩니다. 수업전문가가 되려면 일정 시간 이상의 수업을 참관하고 성찰해야 합니다. 《아웃라이어》의 저자 말콤 글래드웰은 특정 분야의 전문가가 되려면 1만 시간이 필요하다고 했습니다. 1만 시간이란 대략 하루 3시간, 일주일에 20시간씩 10년간 연습하는 것과 같다고 합니다. 사실 학교에서 수업을 진행하는 교사들은 이보다 더 많은 시간을 수업에 전념하고 있습니다. 교사경력이 10여 년을 넘어가면 이미 수업전문가라고 할 수 있습니다. 하지만 수업을 얼마나 진지하게 성찰하고 그 성찰 내용을 기록하여 동료교사들과 나누려 했는지 자기 자신을 되돌아볼 필요가 있습니다.

수업전문성이란 수년간에 걸쳐 수업을 진행한다고 해서 쉽사리 얻어지는 것이 아닙니다. 수업전문성을 갖기 위해서는 수업하는 것 못지않게 수업을 관찰하고 그 관찰한 내용을 글로 기록하고 동료교사들과 수업나눔을 갖는 것이 중요합니다. 동료교사들과 수업을 함께 관찰하고 같은 수업에 대한 다른 생각을 열린 공간에서 함께 이야기하는 시간이 필요하다는 말입니다. 수업은 계획부터 시행까지 그리고 시행 후 협의과정을 통한 재구성 과정까지 검토하고 살펴봐야 할 내용들이 복잡하게 얽혀 있습니다. 따라서 수업을 참관하는 교사들은 수업분석의 초점을 정해 깊이 있는 수업성찰의 내용들을 기록하는 습관을 갖는 것이 중요합니다. 또한 수업을 진행하는 교사 역시 수업을 준비하는 교사의 수업자 의도 또는 수업 후 자신의 느낌이나 생각할 점 등을 기록하여 함께 공유할 필요가 있습니다.

수업성찰의 기록은 수업을 어떤 관점으로 분석하느냐에 따라 몇 가지로 나눌 수 있습니다. 먼저 전시학습 상기, 동기유발, 학습문제 제시, 학습의 전개, 수업정리, 차시예고 등 수업의 흐름 속에서 의미 있는 지점을 기록하는 방법입니다. 수업의 흐름을 따라가며 수업성찰내용을 기록하는 방법은 단순한 것 같지만 수업참관의 경험이 부족한 저경력 교사의 경우 많은 도움을 받을 수 있습니다. 다음으로 교사, 학생 그리고 수업으로 구분하여 기록하는 방법이 있습니다. 이 방법은 수업컨설팅처럼 수업참관의 목표를 설정할 때 보다 더 유익합니다. 다만 수업성찰 기록의 관점을 깊게 생각하며 기록해야 하기 때문에 약간의 노력이 필요합니다. 이 방법은 수업 후 그 내용을 세심하게 성찰하여 교사의 수업성장을 조력할 때 좋은 방법이 될 수 있습니다. 마지막으로 수업에세이 또는 수업일기처럼 특정한 양식 없이 수업에 대한 교사 자신의 생각을 자유롭게 기록하는 방법이 있습니다. 이런 방법은 특별한 양식이 주어지지 않으므로 수업성찰에 대한 초보교사부터 성숙한 교사까지 보다 쉽게 접근할 수 있습니다. 다만 수업을 함께 나눌 때 그 기록에 대한 깊이와 수준이 천차만별이기 때문에 나눔을 맡은 사회자가 그룹의 수준에 맞춰 진행할 필요가 있습니다.

수업을 준비하는 교사이든 참관하는 교사이든 누구나 자신이 갖고 있는 수업전문성의 수준에서 수업을 바라볼 수밖에 없습니다. 그러나 그 수준과 상관없이 자신이 기록한 수업성찰 내용을 동료교사들과 공유할 때 수업성장을 이룰 수 있습니다. 교실현장에서 좋은 수업에 대해 고민하지 않는 교사는 없습니다. 아이들과 수업을 진행하다 보면 늘 예상하지 못했던 경험을 하게 되며 현장에서 임시방편적으로 교육과정을 만들어 운영해야 할 때가 많습니다. 아이들은 계속 성장하고 있으며 학교 현장을 둘러싼 사회적인 배경은 우리가 따라가기 힘들 만큼 빠르게 변화하기 때문입니다. 가끔 능력이 많은 교사 홀로 멋진 교육과정을 만들어 운영하기도 하지만 막상 수업의 틀 안에 들어오면 협력이 얼마나 절실한지 실감하게 되곤 합니다. 수업성장은 수업성찰의 기록을 교사들과 상호 협력하고 공유할 때 빠르게 이룰 수 있습니다. 서로 수업성찰의 내용을 공유하고 나누다 보면 자신이 미처 기록하고 정리하지 못했던 내용까지 정리할 수 있기 때문입니다.

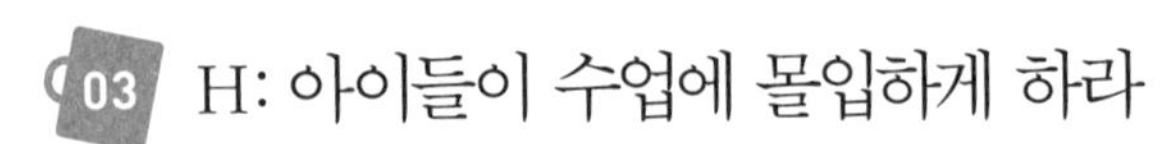

03 H: 아이들이 수업에 몰입하게 하라

하이라이트(Highlight) 수업 속 반짝이는 몰입의 기제를 찾아 아이들을 참여시켜라!

아이들이 수업에 흥미를 갖지 못하는 이유는 수업에 몰입할 기제를 찾지 못했기 때문입니다. 여기에서 몰입의 기제란 아이들이 수업에 빠져들도록 집중시키는 창의적인 수업방법 또는 수업의 참여를 유도하는 심리적인 장치 같은 것을 말합니다. 아이들은 수업시간에 몰입의 기제를 만나면 자기 두뇌의 숨겨진 능력을 끄집어내 극대화하는 모습을 보입니다. 그리고 평소보다 훨씬 더 빠른 속도로 사고를 전개하여 평소 풀지 못하던 문제도 새로운 방식으로 접근해 해결하기도 합니다. 또 이런 몰입 뒤에 찾아오는 만족감과 행복감은 자신의 노력으로 얻은 것이기 때문에 학습에 대한 자신감을 고양시키는 결과를 가져옵니다. 따라서 교사는 수업 속에 반짝이는 몰입의 기제를 찾아 아이들을 참여시킬 필요가 있습니다. 즉 수업에 하이라이트를 조명하여 아이들의 참여를 극대화시키려는 노력이 필요합니다.

몰입의 기제는 같은 수업이라도 교사가 수업의 어느 부분에 중점을 두느냐에 따라 반응이 천차만별로 달라집니다. 이는 여러 학급을 돌아다니며 동일한 차시의 수업을 반복하는 전담교사의 수업을 보면 쉽게 이해할 수 있습니다. 수업의 내용은 같지만 교사가 수업에서 중점을 두는 지점에 따라 몰입의 반응이 달라짐을 확인할 수 있습니다. 때로는 교사가 의도하지 않은 지점에서 몰입의 기제가 활성화되기도 합니다. 학급환경, 수업 전 아이들의 심리상태, 이전 시간 수업교과, 담임교사의 아침 훈화, 아이들의 수업준비도 등 몰입의 기제에 영향을 주는 변인들이 매우 다양하기 때문입니다. 아이들의 학습에 영향을 주는 이런 변인들은 교사가 수업에서 강조하는 것에 따라 예상 밖의 결과를 빚어낸다는 것을 확인할 수 있습니다.

하이라이트가 될 수업 속 몰입의 기제를 어떻게 구성할지를 결정하려면 아이들의 시선을 따라가야 합니다. 몰입의 기제에 아이들이 어떻게 반응할지 성찰해보고 수업을 받는 학급 아이들의 학습유형에 맞춰 준비해야 합니다. 행동형 아이들이 많을 경우 수업 속 하이라이트를 보다 자유로우면서 활동적인 주제로 계획하는 것이 필요합니다. 행동형 아이들은 교사가 제시하는 하이라이트에 장단을 맞춰 움직일 것입니다. 교실에 규범형 아이들이 많을 경우 수업 속 하이라이트에 도달하기 위한 과제를 단계적으로 제시해야 합니다. 규범형 아이들은 교사가 진행하는 수업내용을 차분하게 따라오면서 마지막 수업 속 하이라이트에 도달하는 성취감을 맛볼 수 있을 것입니다. 호기심 투성이 탐구형 아이들을 위해서는 수업 속 하이라이트를 보다 창의적으로 제시하는 것이 필요합니다. 교사가 일방적으로 정답을 제시하기보다 탐구형 아이들 스스로 심사숙고하며 창의적인 과제를 해결해 나가도록 해야 합니다. 수업 속 하이라이트 과제가 창의적일수록 탐구형 아이들의 눈빛이 호기심으로 유독 반짝거리는 모습을 볼 수 있을 것입니다. 마음이 따뜻하고 상상력이 풍부한 이상형 아이들은 친구와 함께 과제 해결 과정에 참여할 수 있도록 지지해주는 것 자체로 수업 속 하이라이트를 느낄 수 있습니다. 이런 이상형 아이들에게는 과제의 독창성보다 모두가 협력하여 문제를 해결하고 과제를 완성해 나가는 과정에서 배움의 만족감을 얻도록 격려해주는 것이 중요합니다.

또한 각 교과별 특성을 반영하되 수업 중 아이들의 활동반경과 수업 후 과제해결의 충실도 등을 미리 예상하고 점검해보는 것도 필요합니다. 가능한 한 하이라이트가 수업 중에 적용되어 아이들의 지적호기심을 유발하는 것도 중요하지만, 수업 후에 아이들의 일상생활에서 수업시간에 배웠던 내용들이 발현되도록 만드는 것이 더 중요할 것입니다. 수업 중 하이라이트가 아이들에게 인상적일수록 수업 후에 그 잔상이 오랫동안 지속되며 이는 또 다른 학습으로 이어질 것이기 때문입니다. 매 시간 모든 수업에서 하이라이트가 이루어지면 좋겠지만 현실적으로 매우 어렵다는 것을 압니다. 따라서 하루 한 시간 또는 일주일에 한 번이라도 수업에 하이라이트를 이루겠다는 교사의 의지가 필요합니다. 일상적으로 반복되는 수업에 교사 스스로 생명력을 갖지 못한다면 아이들 역시 지루한 수업이라고 느낄 것입니다. 수업에 하이라이트를 가진다는 건 교사 스스로 위대한 성찰협력수업을 이루겠다는 긴 호흡을 갖고 작은 계획들을 실천에 옮기는 도전 정신을 갖는 것입니다.

A: 반복하고, 반복하고, 또 반복하라

실행연구하기(Action research) 오늘의 실패를 거울삼아 내일의 또 다른 변화를 시도하라!

실행연구는 교사가 교실 밖이 아닌 교실 안에서 성찰협력수업을 실행하고, 연구할 때 나타났던 여러 문제들을 발견하고 풀어갈 수 있는 자기반성적 탐구활동입니다. 수업이론보다 수업실천을 통한 교실 수업개선에 관심을 집중하고, 반성적인 수업성찰을 통해 보다 협력적인 수업을 적용하려는 교사에게 매우 적합한 방식입니다. 성찰협력형 수업연구모형처럼 '계획-실행-성찰-반성'의 순환과정으로 이루어지며 교사들의 일상적인 수업실행을 통해 실천됩니다.

이러한 실행연구가 성찰협력수업을 통해 교사와 학생에게 긍정적인 시너지 효과를 주려면 몇 가지 주의할 점이 있습니다. 첫째, 실행연구에 적용할 주제는 철저히 교실현장에서 찾되 수업의, 수업을 위한, 수업에 의한 것임을 전제합니다. 그만큼 실행연구의 주 목적이 교사의 수업성장을 통한 수업개선에 있음을 명확히 해야 합니다. 둘째, 실행연구의 순환과정은 교사의 자발성에서 시작되어야 합니다. 실행연구에 참여할 교사 스스로 수업의 계획과 실행부터 수업의 성찰과 반성까지 성찰협력수업에 대한 의도성을 가지고 접근해야 합니다. 셋째, 실행연구는 교사의 성찰협력적인 가르침이 학생의 활발한 배움으로 연결된다는 신념을 배경으로 이루어져야 합니다. 실행연구를 통해 형성되는 좋은 수업을 위해 교사와 학생은 동등한 위치에서 출발해야 합니다. 넷째, 실행연구의 주제는 성찰협력수업의 적용 과정에서 언제든지 변경될 수 있다는 유연성을 허용해야 합니다. 실행연구에 참여하는 교사는 수업의 전문성에 따라 성찰협력수업의 수준을 달리 조정할 수 있음을 인정해야 합니다. 실행연구는 동료교사들과 아이들의 수업 반응을 적절히 피드백하며 진행되어야 합니다. 성찰협력수업의 특성상 교사 단독으로 진행하는 것보다 여러 동료교사들의 의견과 아이들의 목소리를 경청하여 실행하는 것이 바람직합니다.

위에서 말한 실행연구의 주의점을 토대로 성찰협력수업의 계획과 실행, 그리고 성찰과 반성의 순환과정을 다음과 같이 실천하길 제안합니다. 먼저 성찰협력수업을 실행하며 직면하는 문제 상황에서 해결하고자 하는 문제가 무엇인지를 정확히 파악하고 이에 대한 개선계획을 세워야 합니다. 둘째, 성찰협력수업의 개선계획을 실행에 옮기고 실행과정에서 예기치 못한 여러 가지 문제에 부딪칠 때마다 이를 해결하기 위해 처음 세웠던 계획을 수정하여 실행합니다. 셋째, 성찰협력수업의 계획을 실행하면서 실행과정과 결과를 세밀하게 성찰합니다. 성찰은 체계적이고 계획적으로 이루어지도록 해야 하며, 동시에 현장 상황의 유동성에 유연하고 개방적으로 대응하도록 합니다. 넷째, 성찰을 통해 수집한 자료를 비평적으로 반성합니다. 또한 성찰협력수업 개선계획의 실행이 수업개선에 도움이 되었는지를 평가하여 비판적 반성을 토대로 새로운 수업연구 개선 계획을 수립하고 이를 다시 실행, 성찰 그리고 반성하는 순환과정을 다시 밟아 지속적으로 실행연구가 이루어지도록 합니다.

실행연구는 늘 반복적인 수업활동을 지속해야 하는 교사들에게 좋은 수업연구 방법입니다. 특히 요즘처럼 교육현장에 물밀듯 밀려오는 각종 교육이슈들에 휘둘릴 때는 꼭 필요한 방법이기도 합니다. 실행연구에 참여하는 교사와 아이들 모두 상호 의사소통 및 의사결정 과정에 자발적이고 민주적으로 참여하게 되므로 행함(doing)과 생각함(thinking) 그리고 존재함(being)이 타당하게 통합될 수 있습니다. 또한 우리 교실에 적합한지 구체적으로 적용해보고 수업을 성찰해보는 데도 큰 도움이 됩니다. 실행연구의 성과는 더 나은 수업은 물론 더 행복하게 더불어 사는 삶이라는 존재론적 성취를 목표로 하므로 성찰적 협력수업의 진화를 실천적으로 이루어갈 것입니다.

I: 수업의 반전, 역발상에 도전하라

거꾸로 보기(Inverse concept) 수업의 순서와 전개 활동의 이름을 바꾸는 등 역발상에 도전하라!

창의적인 아이디어와 발명 작품들을 보면 일상의 불편함을 역발상으로 바꾼 것들이 많습니다. 특히 지우개가 달린 연필, 일회용 면도기, 안전하게 캔을 따는 장치, 스팀 청소기 등은 평범한 사람들이 발명한 것으로 유명하지요. 이렇게 창의적인 생각이 위대한 발명으로 이어지게 하려면 아이의 엉뚱함과 기발함을 받아줄 수 있는 부모의 지원이 필요합니다. 또한 아이가 풍부한 경험과 지식을 쌓고 집념과 집요함으로 창작을 하며 시간과 노력을 투자하여 도전할 수 있도록 발판을 마련해주는 교사의 지도가 뒷받침되어야 합니다. 창의적인 인물 뒤에는 반드시 그를 키운 멘토의 노력이 있었음을 기억해야 합니다. 흥행영화의 천재라 불리는 할리우드 명감독 스티븐 스필버그는 어린 시절 아버지가 선뜻 내준 비디오카메라로 창작의 날개를 활짝 펼 수 있었습니다. 다만 아쉬운 건 규율과 규범이 강한 학교에서는 이런 아이들을 문제아로만 바라본다는 점입니다. 우리 학교에서도 스티븐 스필버그의 어린 시절처럼 아이들이 창작의 날개를 활짝 펼 수 있도록 길을 열어줄 수 있다면 얼마나 좋을까요? 그러기 위해서는 학교에서 많은 시간을 보내는 아이들에게 역발상의 새로운 시각을 갖도록 보다 허용적인 분위기를 조성해주어야 합니다. 구체적으로 교실 아이들의 반복적인 일상을 깨워주는 수업의 역발상에는 어떤 것들이 있는지 몇 가지로 나누어 살펴보고자 합니다.

첫 번째 수업의 역발상 포인트는 '교과서에 대한 고정관념'을 버리라는 것입니다. 보통 새 학기가 시작되고 교과서를 받으면 교사와 학생 모두 교과서를 순서대로 학습해야 한다고 생각합니다. 교사와 아이들 모두 이렇게 길들여진 원인으로는 한 줄 세우기식 학력평가 중심의 평가관이 한몫하고 있습니다. 그러나 교과서에 대한 고정관념을 내려놓을 수 있다면 수업을 보다 자유롭게 전개할 수 있습니다. 교과서 어느 한 페이지의 학습에 얽매이는 것보다 교육과정의 성취기준을 분석하여 아이들에게 꼭 필요한 핵심역량을 길러주는 것이 더 중요합니다. 핵심역량 교육에 중심을 두고 수업하면 교과서의 학습내용을 적절하게 시기에 맞춰 통합하여 운영할 수 있게 됩니다. 즉 만들어진 교과서를 따라하는 수업이 아니라 교육과정의 성취기준에 맞춰 만들어가는 수업을 진행할 수 있게 됩니다.

두 번째 수업의 역발상은 전개활동의 이름에 생명력을 불어넣으라는 것입니다. 수업을 하다 보면 가끔 아이들의 기발한 상상력에 저절로 웃음이 나올 때가 있습니다. 어른 입장에서 보면 우스꽝스럽고 엉뚱하지만 아이들 세계에서는 그렇지 않은 경우가 많습니다. 교과서에 제시된 활동명을 그대로 따라하기보다 아이들과 함께 전개활동의 이름을 바꾸어 붙여보면 느낌이 새로워지는 것을 알 수 있을 것입니다. 이때 교사가 일방적으로 활동명을 붙이는 것이 아니라 아이들의 생각을 들어주는 것이 더 중요합니다. 아이들은 교과서에 얽매이기보다 교과서를 가지고 노는 방법을 배우게 될 것입니다. 이름에 생명력을 불어넣으라는 건 이미 만들어져 아이들 손에 주어진 교과서를 아이들 스스로 자유자재로 변형시켜 채워나가는 교과서로 바꾸어보라는 의미입니다. 아이들에게 선택권을 넘기면 교사가 미처 기대하지 못했던 의외의 창의적인 결과들을 만나게 될 것입니다.

세 번째 수업의 역발상은 사회적 이슈를 수업에 끌어들이라는 것입니다. 어차피 교과서란 역사적 배경을 안고 아이들의 발달연령에 맞춰 교육과정의 성취기준을 학습내용으로 담아낸 것입니다. 교실 역시 아이들의 작은 사회를 구성하기 때문에 사회적 이슈에 매우 민감할 수밖에 없습니다. 그럼에도 불구하고 교과서에 실린 교과내용은 이미 지나가버린 과거의 역사일 뿐 아이들이 살아내야 하는 현재의 역사를 담기에는 역부족입니다. 아이들 또한 현재 사회적으로 이슈가 되는 문제들에 매우 민감하며 몇 년이 채 되기도 전에 아이들의 살아 있는 과거가 될 것입니다. 따라서 어느 교과이든지 수업에 현재의 사회적 이슈를 담아가려는 노력은 꼭 필요합니다. 다만 아이들의 미성숙한 발달 단계를 고려하여 교사가 투입시기와 활용범위 그리고 민감한 정치논리 등을 적절하게 조율해줄 필요가 있습니다. 이 조율이 잘 이루어지기만 한다면 사회적 이슈를 수업에 활용할 때 위대한 성찰협력수업을 경험하게 될 것입니다.

수업의 주요 변수 중 하나는 바로 아이들 자신입니다. 거꾸로 보기란 이미 만들어진 교육과정을 아이들이 앵무새처럼 따라하도록 강요하는 수업이 아니라 아이들이 수업의 주인이 되어 자기 스스로를 개척하고 만들어가도록 격려하고 지지해주는 수업을 의미합니다. 거꾸로 보기가 어떻게 위대한 성찰협력수업을 열어주느냐에 대한 관건은 교사가 아이들의 눈빛을 길들지 않은 야생마처럼 마음껏 뛰어놀 수 있도록 만들어줄 수 있느냐에 달려 있습니다.

L: 여백의 미(美)를 살려 아이들의 참여를 이끌어라

수업의 여백(Leave a margin) 아이들이 수업에 주도적으로 참여할 공간을 확보하라!

아이들의 참여가 활발한 수업을 보면 수업의 여백이 살아 있다는 것을 확인할 수 있습니다. 좋은 수업일수록 수업자 의도와 아이들의 존재감이 잘 어울려 멋진 하모니를 연출합니다. 아이들이 수업에 주도적으로 참여할 빈 공간이 확보되어 있으니까요. 교사의 의도와 상관없이 아이들은 수업의 빈 공간을 찾아 움직입니다. 수업시간에도 자신의 존재감을 드러내려는 아이들의 몸부림이 이어지지만 안타깝게도 아이들의 이런 몸부림은 대부분 수업시간에 억눌리기 일쑵니다. 교사들은 아이들의 몸부림이 거칠수록 수업에 방해가 된다고 생각하기 때문입니다. 하루 종일 말썽꾸러기 아이들과 함께 보내야 하는 교사들 입장에서 보면 한편으론 이해되는 부분이기도 합니다. 그러나 자신의 존재감을 강하게 드러내려는 아이들의 이런 에너지를 수업에 끌어들여 긍정적 시너지 효과를 이끌어 낸다면 상황은 달라질 수 있습니다.

존재감을 드러내려는 대부분의 아이들은 넘쳐나는 에너지를 주체하지 못해 수업의 방해꾼이 되곤 합니다. 수업의 여백은 이런 아이들의 넘쳐나는 에너지와 끼를 수업에 십분 활용할 수 있도록 만들어줍니다. 수업의 빈 공간을 참여의 공간으로 만들어 에너지 넘치는 아이들을 더 이상 수업의 방해꾼이 아니라 멋진 협력자가 되도록 하는 것입니다. 아이들을 이렇게 수업의 참여자로 만드는 방법은 의외로 간단합니다. 교사 스스로 수업에 대한 욕심을 내려놓기만 하면 됩니다. 때론 교사가 의도하지 않은 지점에서 아이들의 수업참여가 활발히 일어났던 경험들이 있을 것입니다. 사실 아이들은 이미 수업에 참여할 준비가 되어 있습니다. 다만 수업 상황에서 늘 지식의 소극적인 수용자로 앉아 있었기에 적극적인 지식의 개척자로 참여하는 학습태도를 갖추지 못한 것뿐입니다. 이런 아이들이 수업에 주도적으로 참여하도록 이끌어주는 방법을 몇 가지 알아보겠습니다.

첫째, 수업 계획 단계부터 아이들을 참여시키는 것이 가장 좋은 방법입니다. 계획 단계를 아이들에게 오픈하면 아이들 스스로 교과 내용을 확인해 보고 자신이 비집고 들어갈 여백을 찾아낼 것입니다. 수업의 여백을 마련하는 가장 근본적인 이유는 아이들을 배움의 주인공으로 세우기 위해서입니다. 수업의 여백은 결국 아이들이 수업에 주도적으로 참여하여 배움의 개척자로 자리매김하는, 성찰과 협력의 중요한 공간이 될 것입니다. 아이들 스스로 책임감을 갖고 보다 흥미롭게 수업에 참여하고, 자신이 계획하고 자기 스스로 다짐한 수업의 참여 공간은 교사가 의도한 것보다 더 놀라운 결과를 가져올 것입니다.

둘째, 수업의 여백 주기는 학교 밖 인적·물적 자원을 십분 활용하도록 기회를 열어주는 것이 좋습니다. 우리가 수업을 통해 아이들에게 교과 지식을 익혀 나가도록 하는 이유는 궁극적으로 합리적인 사회생활을 영유하도록 하기 위해서입니다. 따라서 교과서 밖 사회의 인적·물적 자원을 교실로 가져오려는 노력이 필요합니다. 아이들은 이런 수업의 여백을 통해 교과서의 잠자는 지식을 학교 밖의 살아 있는 지식과 연결하는 방법을 배우게 될 것입니다. 또한 아이들의 진로와 연계하여 자신의 강점을 발견하고 사회생활에 어떻게 기여할 수 있을지 작지만 소중한 경험을 하게 될 것입니다.

셋째, 장기적인 관점을 가지고 특정 주제에 매진할 수 있도록 아이들의 시야를 모아주는 것이 필요합니다. 수업의 여백은 비어 있는 공간으로 아이들 스스로 빈 공간을 채워 나가게 하려면 보다 장기적으로 접근해야 합니다. 따라서 한 차시 분량의 수업을 준비하기보다 최소 한 단원 분량의 수업에서 여백을 만드는 것이 필요합니다. 또 아이들이 도전할 만한 과제를 함께 찾아 아이들끼리 상호 협력하여 산출물을 완성하도록 격려할 필요가 있습니다. 아이들이 수업의 여백을 채워 나가는 과정에서 지칠 때면 교사는 아이들이 처음 마음먹었던 다짐을 되새기도록 지속적으로 도와야 합니다. 때론 옆에서 밀어주고 당겨줄 적절한 친구를 붙여주는 것도 좋은 방법이 될 수 있습니다.

생각을 여는 수업성찰

※ 지금 나를 돌아보는 시간을 가져보세요. 또는 가장 기억에 남는 글을 적어보세요.

01. 아이들끼리 서로 가르치는 배움의 기쁨을 누린 적이 있나요?

02. 선생님이 공유해줄 수업 도시락은 무엇이 있는지 말해주세요.

03. 아이들을 수업에 몰입시키는 방법이나 노하우가 있나요?

04. 지금 선생님이 도전하고 있는(도전하고 싶은) 실행연구는 무엇인가요?

05. 최근에 선생님이 진행한 수업을 역발상으로 다시 바라본다면 어떨까요?

06. 선생님의 수업에 아이들이 주도적으로 참여할 공간이 확보되어 있나요?

지혜를 나누는 협력수업

※ 협력으로 깨울 수 있는 건 무엇일까요? 함께 나누고 싶은 이야기를 적어보세요.

01 몰입: 축구 감독의 고뇌에서 얻는 메시지

02 감성: 아이들과 가까워지는 교사의 '하얀 거짓말'

03 상생: 제주 해녀에게서 배우는 삶의 지혜

04 변화: 교실에서 만난 〈백설공주와 일곱 난쟁이〉

05 협업: 〈토끼와 거북이〉에서 발견한 교훈

06 경청: 아이들의 SOS 신호를 읽는 선생님들의 센스

07 공존: 왁자지껄 교실, 이런 전쟁터가 없다

5부

당신의 성찰협력에는 뭔가 특별한 것이 있다

01 몰입: 축구 감독의 고뇌에서 얻는 메시지

협력은 선수 개인이 할 수 없는 위대한 일을 이루어냅니다.

상대방 선수로부터 공을 가로챈 한 축구선수가 놀라운 실력으로 폭풍 드리블을 하며 축구 골대를 향해 돌진하고 있습니다. 멀리서 이 모습을 매서운 눈으로 바라보고 있던 감독은 연신 패스를 외쳐댑니다. 하지만 드리블 돌파를 시도하는 축구선수의 눈은 이미 골대에 고정되어 있고, 자신이 골대 안에 골을 넣고야 말겠다는 의지에 불타오릅니다. 그러나 축구공은 그 선수의 마음과 달리 이내 골키퍼의 손으로 넘어가고 맙니다. 답답한 감독은 연습을 잠시 멈추고 코치에게 잠시 시간을 달라고 요청합니다.

텅 빈 운동장 한 가운데에 감독과 한 축구선수가 마주 서 있습니다. 이 축구선수의 마음을 움직일 수 있는 방법이 뭘까요? 당신이 축구감독이라면 이 축구선수에게 어떤 조언을 해주고 싶나요? 경기장 안에서 뛰고 있는 축구선수가 미처 생각하지 못한 지점을 어떻게 설명해야 할까요? 경기장 위에서 축구장을 한 눈에 바라볼 수 있는 보다 거시적인 안목은 어떻게 얻을 수 있는 걸까요? 감독의 고뇌는 바로 거기에 있었습니다. 자신의 개인기에만 의존하고 있는 이 축구선수에게 왜 팀플레이가 필요한지를 알려주고 싶은 것입니다. 어떻게 해야 축구 선수 스스로 자신의 모습을 되돌아보는 진지한 성찰이 이루어질까요?

감독이 갑자기 축구선수에게 골대를 향해 전력질주하라고 말합니다. 축구선수가 골대에 도착하기 전 감독이 찬 공이 골대에 정확히 들어갑니다. 공을 따라잡지 못한 축구선수가 고개를 갸우뚱하며 감독에게 다시 달려옵니다. 감독이 다시 한 번 골대를 향해 뛰라고 주문합니다. 이번에도 역시 전력질주를 해보지만 감독이 찬 공이 먼저 골대에 들어가고 맙니다. 감독이 축구선수에게 정말 하고 싶은 말은 이것이었습니다.

"이제 왜 패스를 해야 하는지 알겠지?"

축구선수는 그제야 화려한 개인기로 드리블을 하는 것보다 패스를 통해 팀플레이를 펼치는 것이 더 효과적이라는 사실을 깨달았습니다. 축구는 팀플레이로 이루어집니다. 아무리 개인기가 좋아도 사람이 공보다 더 빨리 달릴 수는 없는 법입니다. 그래서 팀원들과의 협력이 필요하며 그 협력은 선수 개인이 할 수 없는 위대한 일을 이루어냅니다. 감독은 이제 앞에 서 있는 축구선수가 입고 있는 유니폼을 가리킵니다.

"유니폼 앞에 왜 개인 이름이 아닌 팀 이름이 적혀 있는 줄 아나?"

협력의 필요성을 깨닫는 열쇠는 바로 이러한 진지한 성찰에 있습니다. 지금 나는 수업의 골대에만 몰입하고 있는 오류에 빠져 있는 건 아닌지, 교실 수업의 또 다른 팀원인 아이들을 간과하고 있는 건 아닌지, 내 스스로 수업을 되돌아보는 수업성찰이 필요한 이유이기도 합니다. 만일 자기 모습을 스스로 되돌아볼 수 없다면 좋은 감독을 만나는 것도 한 방법이 될 수 있습니다. 즉 수업성찰을 스스로 하기 어렵다면 지금 내 수업을 적극적으로 공개하는 것도 좋은 방법이 될 수 있을 것입니다.

감성: 아이들과 가까워지는 교사의 '하얀 거짓말'

때론 아이들의 거친 사랑이 교실 분위기를 바꾸어줍니다.

덩치가 곰만 한 아이가 갑자기 내 멱살을 잡았습니다.

"선생님, 그럼 지금까지 거짓말한 거예요?"

새로 5학년 담임을 맡았을 때의 일입니다. 나는 의도적으로 정직하게 행동하는 것이 왜 중요한지 일장 연설을 했습니다. 아이들에게 정직을 강조한 건 정직의 일반적인 당위성을 가르치려는 이유도 있었지만 그보다 곧 있을 만우절 행사를 염두에 둔 사전조치였습니다. 나는 매년 만우절을 앞두고 아이들의 진심을 테스트하곤 합니다. 이런 만우절 행사는 만우절 당일 치루면 안 됩니다. 아이들 모두 이미 만우절이란 걸 알고 있기 때문이지요. 그래서 3월 말에 만우절 행사를 항상 앞당겨 실시합니다.

3월 말 어느 아침 나는 평소와 다르게 깔끔한 정장에 넥타이를 매고 출근했습니다. 아이들에게 선생님이 오늘 뭔가 다르다는 인상을 심어주기 위해서입니다. 교실은 전날 깔끔하게 정리해 놓고 아이들 책상 위에 예쁜 편지지 한 장씩을 올려놓았습니다. 그리고 아이들의 감성을 자극하는 다소 분위기 있는 음악을 무한 반복해서 틀어놓습니다. 잔잔한 피아노 곡 같은 음악 말입니다.

아침 교실에 들어서는 아이들 모두 책상 위에 놓인 편지지 한 장을 보며 뭔가 생소한 기분에 사로잡히도록 분위기를 조성합니다. 스피커에서 들려오는 잔잔한 음악에 취할 쯤 나는 잔뜩 슬픈 표정을 하며 교실 문에 들어섭니다. 아이들의 의아해하는 눈빛을 한 몸에 받으며 그럴듯하게 연극을 하기 시작합니다.

"얘들아, 정말 미안하다. 선생님이 갑자기 다른 학교로 전근을 가게 되었어."

어리둥절한 아이들…

"어제 갑자기 결정되어서 미처 말하지 못했구나. 지금 교무실에 새로운 담임선생님이 오시기로 해서 선생님이 내려가봐야 해. 너희들에게 마지막으로 받고 싶은 선물이 하나 있는데 해줄 거지? 너희들 책상 위에 있는 편지지에 선생님께 보내는 마지막 편지를 써주렴. 선생님이 소중히 간직할게. 정말 미안하구나. 흑…"

아침부터 당황한 아이들의 마음이 요동치는 모습이 곳곳에서 보입니다. 나는 아랑곳하지 않고 교무실에 가서 새 담임선생님을 모시고 오겠다고 말한 후 교실 문을 나섭니다. 아이들의 진심을 얻기 위해 나는 이를 악물고 리얼 연기를 끝까지 소화해냈습니다. 아이들이 편지를 어떻게 써 내려갈지 내 가슴까지 콩닥거리지만 꾹꾹 누른 채 30여 분을 교실 밖에서 기다립니다. 잠시 후 교실 안에서 갑자기 우는 소리가 들려옵니다. 우리 반에서 가장 뚱뚱하고 힘이 센 말썽꾸러기 동훈이입니다.

'짜식, 지난 3월 한 달이 헛되진 않았구만!'

연기는 계속되었습니다. 나는 다시 교실로 들어가 선생님과 마지막 기념촬영을 하자고 친구들에게 권유했습니다. 동훈이의 울음은 금세 우리 반 아이들 모두에게 전염되었습니다. 아이들은 여기저기에서 눈물범벅이 된 채 마지막 기념촬영을 하기 위해 앞으로 나섭니다. 선생님이 떠난다는 말에 울어주는 순진한 아이들을 보며 내 마음도 촉촉이 젖어갑니다. 이 아이들과 다시 1년을 지내며 나는 더 좋은 선생님이 되자는 다짐을 마음속으로 하고 또 합니다.

이제 기념촬영도 끝났고 아이들 한 명 한 명에게 편지를 받으며 남학생들은 안아주고 여학생들과는 악수를 하며 마지막 인사까지 마무리했습니다. 이제 목소리를 다시 가다듬고 만우절을 정리해야 할 차례입니다.

"음, 음, 애들아~ 너네 혹시 4월 1일이 무슨 날인지 알고 있니? 선생님이 매년 미리 앞당겨서 하는 행사가 있는데 그게 바로 오늘이야. 무슨 뜻인지 알겠지?"

눈물범벅이 된 아이들 중 몇몇 친구들의 입가에 다시 웃음이 번지기 시작합니다. 그때였습니다. 갑자기 덩치가 곰만 한 동훈이가 내 앞으로 성큼성큼 걸어오더니 내 멱살을 꽉 움켜잡았습니다. 한없이 버릇없는 행동이었지만 선생님에 대한 동훈이의 거친 사랑 표현이었습니다. 그 거친 사랑 표현을 지켜보는 아이들 모두 함께 웃고 함께 울었습니다.

'애들아~ 고맙구나. 이제 앞으로 너희들을 위해 선생님이 울어줄게.'

이런 아이들이 내 곁에 있어서 오늘도 행복한 하루를 보냅니다.

상생: 제주 해녀에게서 배우는 삶의 지혜

아이들과 매일 교실이라는 좁은 공간을 공유하며 살아갑니다.

파도가 넘실대는 제주도 푸른 바다 속으로 검은 잠수복을 입은 해녀들이 미끄러지듯 들어갑니다. 바다 깊은 곳에서 물질을 하던 해녀들이 한참을 지나 물질한 자루를 한가득 채운 채 물 밖으로 다시 빠져나옵니다. 자루에는 해삼, 소라, 문어 등 수확물이 가득 들어 있습니다. 해녀들은 물질조와 판매조로 나뉘어 움직입니다. 물질조 해녀들은 물질한 자루들을 고스란히 판매조 해녀들에게 넘겨줍니다. 그럼 판매조 해녀들이 좌판에 잘 정비하여 일반 소비자들에게 판매합니다. 물질한 해녀가 직접 판매한다면 더 좋은 값을 받을 수 있는데 왜 그냥 판매조 해녀들에게 넘기는 것일까요? 판매를 열심히 하고 있는 한 해녀에게 물어보았습니다. 그러자 놀라운 말을 합니다. 예로부터 해녀들이 함께 살아가는 방법으로 공동수집, 공동판매, 공동분배를 해왔다는 것입니다. 물질만 계속하는 것보다 판매조와 팀을 나누어 번갈아 순환하면 오히려 수확물 채취량도 늘고 판매를 하면서 쉴 수 있기 때문에 몸의 영양소를 보충하는 시간도 확보할 수 있다는 겁니다.

그런데 이상한 점이 하나 있습니다. 판매조에 넘기는 물질 자루를 보니 해녀들마다 다소 차이가 많아 보입니다. 젊은 해녀들이 채취한 수확물의 양은 많은데 나이가 지긋이 든 해녀들이 채취한 수확물의 양은 상당히 적어 보였습니다. 그런데 공동으로 수집하여 판매하고 공동분배까지 한다니 그 이유가 무엇일까요? 이번에는 젊은 해녀에게 공동분배에 대한 불만은 없는지 물어보았습니다. 그러자 역시 의외의 대답을 들을 수 있었습니다. 나이가 지긋이 든 선배 해녀들은 힘이 떨어져 물질을 해도 수확물의 양이 적지만 물질 후 물 밖으로 나가는 길을 알고 있어서 젊은 해녀들을 이끌고 물 밖으로 안전하게 인도해준다는 것입니다. 즉 수확물의 양이 중요한 것이 아니라 젊은 해녀들에게 노하우를 가르쳐주고 물 밖으로 안전하게 나올 수 있는 인도자 역할을 해준다는 것이지요.

젊은 해녀의 말을 들으니 갑자기 부끄러워집니다. 우리 학교공동체도 교사들끼리 이렇게 상생하는 길을 찾아야 할 텐데 지금의 학교 현실을 생각하니 가슴이 먹먹해집니다. 요즘 젊은 신규교사들의 수업을 보면 화려한 수업기술과 재치 있는 수업구성으로 맛깔스럽게 전개되곤 합니다. 마치 수확물을 가득 담아 오는 젊은 해녀들의 모습 같습니다. 하지만 젊은 해녀들에게 물길에 능숙한 경륜 있는 해녀들이 필요한 것처럼 젊은 신규교사들에게는 학생들과 소통하는 방법을 잘 아는 성숙한 선배교사들이 필요할 것입니다. 물질 후 물 밖으로 나오는 물길을 모른다면 물속의 해녀들은 낭패를 보고 말 것이기 때문입니다. 이처럼 수업을 통해 아이들과 상호작용하는 방법을 모른다면 단순히 교과서의 인지적인 지식만을 심어주는 기계식 교수자에 머물지도 모릅니다.

교육의 한 측면에서 교실을 생각해보면 교실이라는 공간 자체를 공유하는 교사와 학생들이 함께 살아가야 할 이유가 분명합니다. 사회적으로 미성숙한 아이들은 교실에 머무는 동안 전인격적으로 인도해주는 담임교사에게 자연스럽게 의지합니다. 또한 교사의 신분으로 매일 교실로 출근하는 선생님들은 교사의 가르침을 통해 배움의 성장을 하는 아이들을 보며 교육자로서의 소명의식과 비전을 재발견해가곤 합니다. 이처럼 교사와 학생이 한 교실 공간에서 상생하는 길을 선택할 때 상호 성장의 문이 열리지 않을까요?

또 하루 반나절 이상을 학교에서 보내야 하는 우리 아이들끼리도 이런 상생의 필요성은 절실합니다. 교실이라는 작은 공간에서 아이들은 함께 공부하며 함께 놀고 서로의 성장과정을 지켜보는 반복적인 시간을 보냅니다. 그러나 아이들 각자의 성장패턴과 가정환경이 모두 달라 아이들끼리 잦은 다툼이 일어나곤 하지요. 이런 아이들에게 다른 사람의 입장을 배려하고 나와 다른 생각을 존중해주며 다른 사람과 더불어 살아가는 방법을 가르침으로써 상생의 습관을 길러주어야 할 때입니다.

변화: 교실에서 만난 <백설공주와 일곱 난쟁이>

교실의 일상을 다시 바라보면 무뎌진 나의 감수성이 깨어납니다.

어느 시골 학교의 낯선 교실에서 한 선생님을 기다리고 있을 때였습니다. 전주에서 한 시간여 동안 달려왔는데 선생님은 급한 공문이 있다며 정말 죄송하다는 양해를 구하고 교실 밖으로 나갑니다. 선생님은 업무처리로 아직 교무실을 벗어나지 못하고 있고, 수업 지원을 위해 찾아간 나만 덩그러니 작은 교실에 남았습니다. 텅 빈 교실에 혼자 남은 나는 자연스레 교실 여기저기에 눈을 돌리기 시작합니다. 아이들의 고사리 손으로 정성스레 만들었을 미술 작품들이 교실 뒤 게시판에 가지런히 붙어 있고, 창가엔 아이들의 밝고 순수한 마음이 담긴 화려한 빛깔의 스테인드글라스를 통해 오후의 햇살이 교실 한쪽까지 들어서고 있었습니다.

가만 보니 책상 배열이 특이합니다. 아니 단순합니다. 정면의 칠판을 중심으로 부채꼴 모양을 하고 있는 책상과 의자들이 겨우 일곱입니다. 일곱 명의 꾸러기들과 선생님? 그럼 선생님은 백설공주? 크크크... 혼자

웃음이 나옵니다. 그때였습니다. 교실 뒷문이 드르륵 열리더니 한 난쟁이가 들어옵니다. 온몸이 땀에 흠뻑 젖어 있는 1학년 코흘리개 남자아이입니다. 날 빤히 쳐다보는 그 눈빛이 상당히 신기해하는 눈빛입니다.

"아저씨는 누구세요?"
"아저씨? 아니... 음..."

갑자기 장난기가 발동해 뭐라 대답할지 주저하고 있는데 이번에는 남은 여섯 명의 난쟁이들이 교실로 우르르 쏟아져 들어옵니다. 모두들 한 손에 뭔가 열심히 색칠한 도화지 한 장씩이 들려 있습니다. 그런데 도화지를 움켜잡은 손들이 모두 흙투성이입니다. 미술 방과 후 수업에 갔다가 교실에 오기 전 운동장에서 한바탕 뛰어놀고 온 모양새입니다. 아이들 모두 이제 하교하려는지 가방을 챙기기 시작합니다. 그런데 그 흙투성이 손으로 애써 만든 그림 작품을 가방에 꼬깃꼬깃 밀어 넣고 있습니다.

"얘들아, 아저씨는 너희들을 잠시 도와주러 온 선생님이야~. 이리 와 보렴!"

마침 선생님 책상에 물티슈가 보입니다.

"자, 선생님이 지금부터 우리 1학년 친구들이 얼마나 줄을 잘 서는지 한 번 봐야지! 여기 한 줄로 쭈~욱 서보렴!"

신기하게도 내 목소리가 일곱 난쟁이들에게 잘 통한 건지 아이들이 한 줄로 예쁘게 줄을 섭니다. 물티슈를 한 장 한 장 꺼내어 흙투성이가 된 고사리 손을 정성껏 닦아주었습니다. 낮은 1학년 의자에 앉아 아이들의 시선에 눈높이를 맞추자 아이들의 몸에서 나는 땀내가 내 코끝을 간질입니다. 아이들의 손을 닦아주는 내 모습이 갑자기 교실이 아닌 어느 동화 마을에 들어온 기분이 듭니다. 책가방을 메고 부랴부랴 뛰어가던 한 녀석이 손을 배꼽에 대고 크게 인사를 합니다.

"아저씨~, 안녕히 계세요~."

아마 학교 스쿨버스 시간에 쫓기나봅니다.

'꾸러기들~, 그래도 더러운 손을 닦아주니 기분이 좋은가보군!'

아이들이 나가고 잠시 후 백설공주 선생님이 들어오십니다.

"아~ 선생님, 죄송합니다. 제가 많이 늦었죠?"
"아니에요. 덕분에 일곱 난쟁이도 만났는걸요."
"일곱 난쟁이요?"

내 손엔 아직도 물티슈 한 장이 들려 있습니다.

협업: 〈토끼와 거북이〉에서 발견한 교훈

성찰하고 협력할 때 위대한 결과에 도달할 수 있습니다.

토끼와 거북이가 달리기 경주를 시작했습니다. 쏜살같이 달리던 토끼가 잠시 나무 아래에서 쉬다가 그만 잠이 들고 말았습니다. 거북이가 이 틈을 타 마지막 결승선에 도착하고 최종 우승트로피를 거머쥐었습니다. 이 이야기는 우리가 잘 알고 있는 고전인 〈토끼와 거북이〉 이야기입니다. 이런 고전 이야기가 우리에게 주는 교훈은 바로 천천히 꾸준하게 지속할 때 목표를 이룰 수 있다는 것이지요.

하지만 사실 이 이야기는 여기에서 끝이 아닙니다. 최종 우승트로피를 거머쥔 거북이를 지켜보던 토끼는 자신의 태도에 대해 심각하게 고민합니다. 토끼는 거북이에게 찾아가 다시 한 번 경주를 하자고 제안하고 거북이는 아무렇지 않은 듯 쉽게 수락합니다. 하지만 경기의 내용은 반전됩니다. 이번에는 토끼가 단 한 번도 쉬지 않고 마지막 결승점을 향해 부리나케 달려간 것입니다. 우승트로피는 결국 토끼에게 다시 돌아가고 말았습니다. 즉 새로운 토끼와 거북이 이야기에서는 빠르고 일관된 모습이 느리고 꾸준함을 이기고 목표를 이룬다는 또 다른 교훈을 전해줍니다.

이번에는 반대로 완벽하게 패배한 거북이가 자신의 모습에 대해 심각하게 고민을 하는군요. 만일 거북이가 자신의 약점에만 집중했다면 이 이야기는 여기에서 끝날 것입니다. 하지만 거북이는 자신의 약점이 아닌 강점에 주목하는 역발상을 했습니다. 그래서 거북이는 토끼에게 찾아가 다시 한 번 경주를 하자고 제안합니다. 단 이번에는 경주의 코스를 조금 바꾸자고 제안합니다. 거북이의 장점을 살릴 수 있는 호수 건너기를 포함시킨 것입니다. 잠시 후 경기가 시작되자 토끼는 호수를 건너지 못해 좌절하고 거북이는 자신의 장점을 살려 멋지게 결승선을 통과합니다. 이 새로운 이야기의 교훈은 자신의 핵심역량을 파악하고 그에 맞춰 경기환경을 변화시키라는 것입니다.

새로운 토끼와 거북이의 이야기는 아직 끝나지 않았습니다. 이제 토끼와 거북이는 꽤나 친한 친구 사이가 되었고, 그들은 함께 몇 가지를 생각하기에 이르렀습니다. 지금까지의 경주를 되돌아보니 각자가 가지고 있는 장점이 다르므로 이제 함께 손을 맞잡으면 더 좋은 결과를 얻을 수 있을 거라고 결론을 내린 것입니다. 그래서 토끼와 거북이는 함께 팀을 이루어 마지막 경주를 다시 하기로 결심합니다. 경주가 시작되자 먼저 토끼가 호수에 도착하기 전까지 거북이를 업고 달려가고, 호수에서는 거북이가 토끼를 등에 태우고 강을 건너갑니다. 호수 반대편에 도착하자 이번에는 토끼가 다시 거북이를 업고 달려가서 함께 결승점에 도착한다는 아름다운 이야기로 드디어 끝을 맺습니다. 마지막 경주가 끝나자 토기와 거북이는 둘 다 전에 느꼈던 것보다 더 큰 만족을 느낄 수 있었습니다. 이 마지막 이야기의 교훈은 팀을 이루어 개인의 핵심역량을 극대화할 수 있는 방안을 성찰하고 협력할 때 위대한 결과에 도달할 수 있다는 것입니다.

우리 격언에 "빨리 가려면 혼자 가고 멀리 가려면 함께 가라."라는 말이 있습니다. 협업은 단기적이고 임시적인 것보다 장기적이고 근본적인 문제 상황에서 빛을 발합니다. 그래서 교육공동체 안에 있는 여러 가지 문제 상황을 직시할 때에도 교사 개인의 역량으로 해결하기보다 옆에 있는 동료교사들과 함께 협력하여 보다 근본적으로 접근할 필요가 있다는 것입니다. 아이들과 함께 하는 교실 수업에서도 교사의 권위를 앞세워 단기적인 해결책을 제시하기보다는 아이들의 목소리를 경청하고 아이들의 요구사항을 반영할 때 교실 수업이 더욱 풍성해질 수 있습니다. 수업에 있어 학생 간 협력을 이루기 위해서는 먼저 아이들 각자의 장점을 발견하는 것이 중요합니다. 그리고 특정 단원의 성취기준에 도달할 때 자신감을 갖고 보다 창의적인 해결을 위한 협업 활동을 유기적으로 엮어내는 것이 필요합니다. 이제 아이들 스스로 자신의 핵심역량을 마음껏 발휘할 수 있도록 교실 분위기를 보다 협력적으로 만들어가야 합니다.

경청: 아이들의 SOS 신호를 읽는 선생님들의 센스

힘들 때에는 그저 마음을 열고 대화를 나눌 친구가 되어주세요.

"선생님, 저 지금 상담받아도 되나요?"

친구들끼리 놀기 바쁜 점심시간에 기윤이가 아무렇지도 않은 듯 교육상담실 문을 열고 들어옵니다. 6학년 기윤이는 수업태도가 불량하기로 소문난 아이입니다. 오죽했으면 담임선생님이 "수석선생님~, 제발 기윤이 불러서 상담 좀 해주세요."라고 부탁했을까요. 담임선생님은 그나마 기윤이가 내 수업시간에는 자기 책상에라도 붙어 있어서 다행이라고 합니다. 하지만 그나마 낫다는 내 수업시간에도 기윤이의 눈빛은 병든 병아리처럼 초점을 잃고 있었습니다. 뭔가 속앓이를 하고 있는 그 눈빛을 숨기기 위해 담임선생님에게 그렇게 반항하고 있는지도 모르겠습니다.

'녀석, 무슨 고민이 그리도 많은 걸까?'

교육상담실은 신관 4층으로 6학년 교실이 있는 본관 5층과는 동떨어져 있습니다. 그런데 기윤이가 여기 교육상담실까지 찾아온 것입니다. 하지만 그 속이 잘 보이지 않습니다. 기윤이의 속을 들여다보기 위해 먼저 감정카드를 꺼내 들었습니다. 감정카드는 기윤이의 눈을 유혹하기에 충분한 그림과 단어들로 채워져 있습니다. 기윤이에게 감정카드를 건네자 시키지도 않았는데 감정카드를 보며 뭔가 찾는 기색이 뚜렷합니다. 교육상담실을 제 발로 찾아온 기윤이의 얼굴과 말투는 여전히 희미한 경계를 보이고 있지만 그 불안한 눈빛은 뭔가 하고 싶은 말이 있다는 듯 감정카드 속으로 빨려 들어갑니다.

한참이 지나서야 기윤이가 선택한 감정카드들이 드러납니다. 2장은 긍정카드이고 4장은 부정카드입니다. 긍정카드를 뽑은 건 오늘 이모가 없어서 늦게까지 친구들과 놀 수 있기 때문이고, 나머지 부정카드는 요즘 재미있는 일이 없어서 학교생활이 지루하고 짜증만 나기 때문이랍니다.

'이모가 없어서? 엄마가 안 계셨구나!'

감정카드에 이어서 바람카드로 공감대화를 나누고 아이가 바라보는 부모의 교육유형을 알아보기 위해 또 다른 검사로 넘어갑니다. 검사에 임하는 기윤이의 모습이 수업시간에 보던 모습과 사뭇 다릅니다. 설문 문항 하나하나를 소중히 읽고 체크하는 기윤이의 모습에서 뭔가 다른 메시지가 읽혀집니다. 교육유형 검사결과 역시 이모와 아빠의 실행(학습지도), 지식(의사결정), 관심(학습조건 파악), 존중(친밀감 가지기) 지수가 모두 무너져 있는 것을 쉽게 발견할 수 있었습니다.

'기윤이는 상담이 아니라 도움을 요청하러 왔구나...!'

지난 수업시간에도 집중하지 못하고 자주 책상에 엎드리던 기윤이가 생각납니다. 심지어 모둠토의 시간에 아예 일어나 다른 모둠원들을 방해하던 기윤이 모습도 조금씩 이해가 갑니다. 요즘 아이들은 신체발육이 빨라서 벌써 겉모습은 어른이 다 되어 있습니다. 그런데 겉모습과 달리 아이들의 속은 웅그러져 있는 것은 아닐까요? 그 속 이야기를 털어놓을 곳이 없어 방황하는 모습이 안타깝기만 합니다. 기윤이는 상담을 받기보다 그저 마음을 열고 대화를 나눌 상대를 찾아온 것은 아니었는지 다시 한 번 되돌아봅니다.

'선생님, 저 좀 도와주세요!'

이런 기윤이를 어떻게 도와주어야 할지 오늘도 고민이 됩니다.

공존: 왁자지껄 교실, 이런 전쟁터가 없다

아이들의 마음을 담은 얼굴 표정을 세밀히 관찰해야 합니다.

왁자지껄한 교실 문을 열자 아이들이 일제히 나를 바라봅니다. 아이들은 서너 명씩 모여 군데군데 흩어져 있습니다. 교실은 작은 사회를 이루기 마련이어서 이 안에 속해 있는 아이들은 자신이 있어야 할 그룹을 스스로 찾아갑니다. 아이들의 그런 친구관계를 알아보기 위해 나를 바라보는 아이들을 급히 카메라에 몇 장 담아봅니다.

먼저 첫 번째 사진에는 말썽쟁이 혁주가 가장 먼저 눈에 들어옵니다. 혁주는 언제 손가락을 다쳤는지 검지에 흰 붕대를 칭칭 동여매고 있습니다. 혁주는 6학년 중에서도 소문난 말썽쟁이지만 지금은 어엿한 학급반장이고 우리 학교 육상부 대표선수입니다. 지난 상담 때 혁주는 자신의 꿈은 전국 소년체전에서 금메달을 목에 거는 것이라고 소개했습니다. 그런 혁주 앞에 모범생 세윤이가 함박웃음을 지으며 서 있습니다. 혁주와 세윤이는 성격적으로 극과 극이라 서로 잘 맞지 않습니다. 하지만 쉬는 시간마다 혁주는 세윤이에게 달려가 장난을 겁니다. 세윤이는 이런 혁주가 마냥 싫지만은 않은지 혁주의 장난을 다 받아주곤 합니다. 이런 혁주와 세윤이가 친해진 건 지난 운동회 때부터입니다. 혁주는 백군의 마지막 계주선수로 출전했습니다. 그런데 덜렁이 혁주는 그만 백군머리띠를 집에 놓고 온 것입니다. 혁주는 급히 친구들에게 머리띠를 구했지만 누구 하나 빌려주려 하지 않았습니다. 그때 혁주에게 손을 내민 친구가 바로 세윤이었습니다. 혁주는 세윤이가 빌려준 머리띠를 차고 당당히 계주에서 승리를 거머쥐었고 그 모습을 가장 기뻐해준 친구가 바로 세윤이였던 것입니다. 말썽쟁이 혁주와 범생이 세윤이의 우정은 그렇게 시작되었습니다.

두 번째 사진에는 차분탱이 송이가 깜짝 놀란 표정의 토끼눈을 하고 있는 모습이 재미있습니다. 차분탱이는 송이에게 친구들이 붙여준 별명으로 평소 말과 행동이 약간 느린 송이의 모습을 빗대어 표현한 것입니다. 송이는 특수아동으로 항상 특수아 보조선생님이 곁에서 도와주고 계십니다. 하지만 송이는 그런 보조선생님을 일부러 멀리합니다. 친구들과 자신이 다르게 보이는 것을 경계하는 것입니다. 송이는 하루 종일 발에 보조기를 끼고 있어 걸을 때마다 뒤뚱뒤뚱 오리걸음을 해야 합니다. 그런 불편한 움직임 때문에 송이는 자연히 혼자 있을 때가 많아 늘 외로움을 느끼는 아이입니다. 몸이 둔하니 말과 행동까지 둔해져 친구 사귀기에 자신을 잃고 늘 의기소침해 있습니다. 그런 송이의 얼굴이 다시 밝아진 건 친구 은아가 함께 할 때부터입니다. 은아는 여학생 중에서 가장 뚱뚱한데 수업시간 발표까지 둔해 아이들에게 점점 은근히 따돌림을 받고 있었습니다. 그런 은아가 어느 날 용기를 내어 교실에 혼자 있는 송이에게 다가섰습니다. 늘 혼자 다니던 송이는 은아의 장난에 깔깔대며 웃음을 터트렸습니다. 송이와 은아가 서로 잘 맞는 친구라는 걸 아는 순간이었습니다. 송이는 은아가 놓치는 숙제를 도와주고 수업시간 발표를 잘 할 수 있도록 옆에서 조용히 알려주곤 했습니다. 지금은 누구보다 서로의 마음을 잘 보듬어주고 이해해주는 좋은 친구 사이가 되어 있는 모습이 아름다워 보입니다.

아이들은 이렇게 작은 교실에서 생활하며 살아남는 법을 스스로 체득해갑니다. 교실은 아이들의 작은 놀이터입니다. 아니 아이들에게 때로는 생존해야 할 공간입니다. 특히 성장기 아이들에게 친구관계란 어른들이 생각하는 것보다도 더 절실하고 중요한 문제입니다. 아이들은 친구가 던지는 말 한 마디에 인생의 큰 좌절을 경험하기도 하고 친구들의 작은 칭찬과 인정에 크게 우쭐대기도 합니다. 그래서 지금 우리 아이들이 느끼는 감정은 무엇인지, 친구 관계는 현재 파란불인지 빨간불인지 아이들의 얼굴 표정을 세밀하게 관찰할 필요가 있습니다. 지금이 바로 아이들 모두 편안히 숨을 쉴 수 있는 그런 행복한 교실을 만들어주고 있는지 우리 교실을 되돌아봐야 할 때입니다.

생각을 여는 수업성찰

※ 지금 나를 돌아보는 시간을 가져보세요. 또는 가장 기억에 남는 글을 적어보세요.

01. 몰입:

02. 감성:

03. 상생:

04. 변화:

05. 협업:

06. 경청:

07. 공존:

지혜를 나누는 협력수업

※ 협력으로 깨울 수 있는 건 무엇일까요? 함께 나누고 싶은 이야기를 적어보세요.

책 속의 책

정민수 선생님이 알려주는
수업 멘토링! 톡! Talk?

01 학급 분위기를 한 방에 바꾸는 진지한 수업은 따로 있다

과학샘 이번 과학수업은 우드락을 이용해서 그런지 많은 아이들이 들떠 있고 학급 분위기가 다소 시끄러운 경향이 있었습니다. 저는 차분하고 정돈된 상태의 수업 분위기를 유지하고 싶은데 어떻게 하면 과학시간을 흥미위주의 실험에서 실험탐구 중심의 진지한 수업으로 바꿀 수 있을지 궁금합니다.

선생님의 고민처럼 수업에서 과학 실험도구 등을 활용하는 경우 아이들의 수업태도가 흐트러지는 경향이 있습니다. 하지만 수업에 임하는 아이들의 학습태도를 교사가 어떻게 이끌어가느냐에 따라 달라질 수 있습니다. 이번 수업에서처럼 수업의 초점이 우드락 활용에 맞추어져 있다면 수업의 전반적인 분위기가 흐트러지는 건 당연한 결과일 것입니다. 하지만 본 수업의 목표에 맞게 아이들의 관심을 지진활동이 일어나는 원인 그 자체에 호기심을 갖고 탐구할 수 있도록 유도한다면 수업의 분위기를 학습에 맞춰 이끌어갈 수 있습니다. 평소 교사가 수업에 임하는 학습태도를 어떻게 정리해주고 아이들과 소통하느냐에 따라 과학수업의 분위기가 달라진다는 점을 기억해야 한답니다. 좀 더 구체적으로 탐구적인 학습분위기를 이끌어 나가는 방법을 몇 가지 추천하면 다음과 같습니다.

첫째, 과학수업시간이 돌아오면 아이들 스스로 선생님이 정해주는 탐구미션을 수행하려는 의지를 갖도록 하면 좋습니다. 개인별 또는 모둠별로 이번 시간에 선생님과 함께 해결해야 할 미션을 찾아보고 그 미션을 탐구하여 해결하고 발표하는 일련의 과학수업만의 고정적인 수업방법을 습관화시킬 필요가 있습니다. 탐구미션을 잘 계획하고 수행하는 아이들에게 교사가 적절한 칭찬과 보상을 해준다면 다른 아이들까지 과학수업에 쏙 빨려 들어가는 것을 볼 수 있을 것입니다.

둘째, 아이들이 유난히 관심을 크게 보이는 실험자료 등은 수업 전후 교실 앞쪽이나 뒤쪽에 전시하여 실험학습에 관심을 가질 수 있도록 지도하면 도움이 됩니다. 단, 이 경우 실험자료의 안정성과 파손위험 등에 대해 전체 아이들의 시선을 집중시켜 안내할 필요가 있습니다.

셋째, 과학 실험의 경우 탐구미션에 대한 해결책을 예측해보고 실험할 순서를 모둠별로 정해 돌아가며 실험자료를 다루도록 안내해야 합니다. 아이들이 서로 협력하여 실험을 마무리한다면 더 잘할 수 있도록 격려해주고, 실험순서를 어기고 학습분위기를 망친다면 교사가 적극 개입하여 아이들의 역할을 부여해주거나 실험순서를 정해주는 것이 바람직할 것입니다.

교사가 넘어야 할 또 하나의 진실, '선행학습! 툭 까놓고 얘기하자!'

수학샘 지난 수학수업은 '마주 보는 한 쌍의 변이 서로 평행한 사각형은 사다리꼴이라 한다.'라는 수학적 정의에 도달시키기 위해 부단히도 애를 썼습니다. 그런데 아이들에게 계속 사다리꼴의 정의를 인식시키는 활동을 하다 보니 사실은 이미 이 정의를 알고 있는 아이들이 많다는 것을 알게 되었습니다. 이런 경우 교과서 흐름에 맞춰 수업을 진행하는 것이 의미가 있는 건지 고민됩니다.

교사 입장에서 이미 선행학습이 이루어진 아이들에게 일련의 과정을 반복하는 것에 대한 고민이 생생하게 다가옵니다. 아이들 입장에서도 학원 등에서 이미 같은 내용을 배운 경우 선생님과 비슷한 고민을 하게 된답니다. 문제는 교실 안에 이런 아이들이 상당수라는 것을 인정하지 않고 수업을 그대로 진행하는 데 있습니다. 특히 단계에 맞춰 심화되는 수학수업의 경우 아이들은 이미 알고 있다는 눈빛을 선생님에게 보내는 경우가 많이 있지요. 그래서 최소한 새로운 단원이 시작할 때만이라도 아이들의 출발점 행동을 진단하고 선수학습 여부를 점검할 필요가 있습니다. 그러나 이미 선행학습을 하고 온 아이들이라 할지라도 수학적 정의를 말과 글로 표현하고 문제 상황에 부딪혔을 때 능숙하게 해결하는 건 또 다른 문제입니다. 또 수학수업의 경우 아이들의 수준차가 아주 심해 선행학습을 이미 마친 아이들부터 이전 단계도 이해하지 못해 수학수업을 전혀 따라오지 못하는 경우까지 그 폭이 굉장히 넓습니다.

따라서 학교 수학수업은 교사의 일방적인 주입식 교육이 아니라 아이들 스스로 배움의 주인공이 되어 수준별 학습을 이루도록 조력해주는 교육을 전개해야 합니다. 그러기 위해서는 수학공부의 배움 친구를 맺어주고 수학적 정의를 먼저 이해한 친구가 다른 친구에게 설명해주고 가르쳐주는 꼬마 교수제를 적극 검토할 필요가 있습니다. 꼬마 교수제를 운영할 때에는 가르침에 참여할 친구들을 지속적으로 격려해주어야 하며, 배움을 받는 친구와의 관계를 잘 형성해가도록 분위기를 조성해주어야 합니다. 또 다른 방법으로는 수학수업을 단순히 수학적 정의를 이해하는 데 그치지 말고, 아이들의 학습반응을 미리 예측하고 학생 개인별 또는 모둠별로 배움이 일어나도록 적절한 과제를 부여할 필요가 있습니다. 과제 해결 단계에서도 수학공부의 배움 친구와 함께 해결할 수 있도록 서로의 역할을 제안해주는 것도 좋은 방법이 될 것입니다. 좀 더 포괄적인 접근으로는 수학단원의 성취기준을 분석하여 주제 중심의 프로젝트 수업을 진행할 수도 있습니다. 수학교과를 프로젝트로 진행할 경우 교과 진도에 맞추는 강의식 수업에 지친 아이들을 사로잡을 수 있을 것입니다. 또한 이미 선행학습을 통해 내용성취기준에 도달한 아이들의 학습 흥미를 다시 유발하는 데도 도움이 될 것입니다. 수준차가 심각한 수학수업의 경우 더 고민해볼 필요가 있습니다.

03 교과통합수업, 교과와 교과의 경계를 넘다

사회샘 사회교과의 미완성된 지도를 완성하는 수업에 국어의 역할극 수업이 아이들의 창의성을 이끌어내는 데 도움이 될 것 같아서 두 교과의 내용을 주제 통합하여 성찰협력수업으로 재구성하고 싶습니다. 비록 주 교과는 사회이지만 국어 요소가 잘 융합되도록 구성하여 아이들의 활발한 수업참여를 유도하고 싶은데 가능할까요?

충분히 가능합니다. 국어교과는 기초 기능의 발달을 자극하는 도구교과이므로 국어의 의사소통기능(읽기, 쓰기, 듣기, 말하기)이 사회교과 수업에서 효율적으로 활용되도록 구성하면 됩니다. 선생님의 계획처럼 주 교과를 사회로 정하고 국어의 역할극 수업을 미완성된 지도를 완성하는 수업주제에 맞게 통합하여 성찰협력수업으로 재구성하면 좋겠습니다. 먼저 미완성된 지도를 완성하는 문제를 어떻게 해결하면 좋을지 아이들과 함께 주제해결 방법에 대해 성찰하도록 합니다. 아이들의 수업성찰은 교사가 미처 생각하지 못한 의외의 아이디어를 얻는 데 도움이 됩니다. 예를 들어 교사는 사회교과에서 제시된 그림 자료만을 활용해 수업하려고 하는 반면, 아이들은 직접 거리로 나가 우리 마을의 지도를 완성해보자는 다소 도전적인 과제를 내놓을 수도 있습니다. 또는 고학년의 경우 스마트폰의 로드뷰 App을 활용해 우리 고장의 모습을 미리 살펴보고 현장에 나가 비교해보자고 건의할지도 모릅니다. 교사는 개방적인 자세를 가지고 아이들의 톡톡 튀는 아이디어를 경청해주고 본 수업주제에 맞도록 조율해주면 됩니다.

이렇게 성찰협력수업의 재구성 과정부터 아이들의 참여를 이끌어낸다면 아이들은 수업의 전 과정에 걸쳐 주도적으로 참여할 것입니다. 단, 성찰협력수업의 시작은 아이들이 내놓은 아이디어로 시작했으나 각 교과 성취기준의 적용은 선생님이 주관을 갖고 아이들의 활동에 개입할 필요가 있습니다. 미완성된 지도를 완성하기 위해 아이들이 거리로 무작정 나가는 것보다 거리로 직접 나가기 전과 거리에서 조사 후 아이들이 꼭 함께 협력해야 할 필수 과제를 지정해주는 것이 더 효과적입니다. 예를 들어 거리에 나가기 전에는 스마트폰의 로드뷰 App을 보면서 도화지에 우리 고장의 미완성된 지도를 협력하여 완성해보도록 하면 실제 거리와 비교하여 지도를 완성하는 데 큰 도움을 얻을 수 있을 것입니다. 또 거리에 나가 비교해본 후에는 다시 교실로 들어와 모둠별로 거리 탐색 경험을 역할극으로 만들어 친구들 앞에서 발표하도록 한다면 수업의 내용이 보다 알차게 구성될 것입니다. 성찰협력수업의 초점은 아이들과 교사의 자발적인 수업성찰을 통해 보다 협력적인 수업을 어떻게 창의적으로 전개할 것인지에 있습니다. 이런 협력적인 수업은 아이들과 교사의 수업성찰이 얼마나 자발적으로 진지하게 이루어졌느냐에 달려 있답니다. 아이들과 솔직담백하게 수업주제에 대해 이야기하는 것 자체가 바로 성찰협력수업의 시작이 될 것입니다.

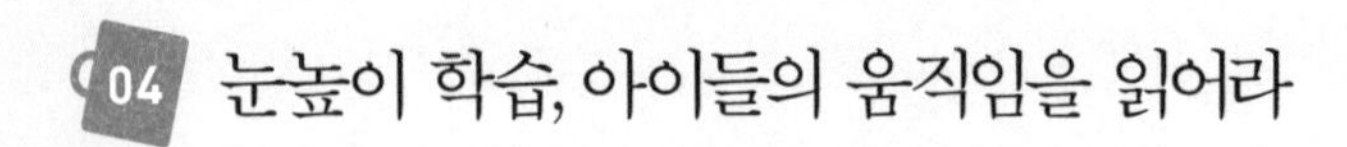

04 눈높이 학습, 아이들의 움직임을 읽어라

체육샘 체육수업의 신체표현을 음악활동과 통합하여 성찰협력수업으로 재구성하려고 합니다. 아무리 독창적이고 창의적이라고 해도 학생들이 흥미가 없고 이해하지 못하면 그것은 좋은 수업이 아니라고 들었습니다. 하지만 아이들의 눈높이에서 성찰협력수업을 재구성하는 것은 너무 어렵습니다.

성찰협력수업의 재구성을 교사 주도에서 학생 중심으로 바꾸어 전개하면 고민이 해결될 수 있습니다. 수업의 독창성과 창의성을 아이들의 입을 통해 열어간다면 눈높이 교육에 대한 부담을 줄일 수 있답니다. 아이들 스스로 자기 눈높이에 맞는 아이디어를 발산하기 때문입니다. 교사는 수업에 참여하는 아이들을 믿고 아이들이 수업의 주인공으로 서서히 나올 수 있도록 조력하고 격려해주면 됩니다. 체육수업의 신체표현 부분은 교과서를 보면 알 수 있듯이 아이들의 활발한 움직임을 담아 놓은 삽화들이 많이 있습니다. 아이들은 어른들과 달리 신체표현을 통한 움직임 활동에 더 개방적이므로 음악활동을 통합한 체육 신체표현 수업에 더 호감을 갖고 참여할 것입니다. 교사는 체육교과 신체표현의 성취기준 내용을 미리 확인하고 필수 학습내용을 중심으로 아이들에게 인지시켜주면 됩니다. 나머지 재구성 활동을 할 때는 아이들과 소통하며 수업성찰을 해 나가면 수업을 보다 쉽게 전개할 수 있을 것입니다.

체육교과 신체표현의 내용을 살펴보면 최소한의 움직임이 소개되고 있음을 알 수 있습니다. 교사가 신체표현의 필수 움직임을 정해 아이들에게 가르쳐주고 나머지 응용동작은 아이들 스스로 만들어보도록 권유할 수 있습니다. 수업성찰이 보다 자연스럽게 이루어진다면 계절별 카드를 만들어 필수 움직임과 동요 등을 정해서 표현해보는 과제활동을 전개할 수도 있을 것입니다. 모둠별 발표는 경쟁구도보다 협동과 단결구도가 바람직하나 이 역시 아이들의 의견을 들어 수업에 반영하는 것이 좋습니다. 좋은 수업의 판단 기준을 교사의 가르침이나 학생의 배움 중 어느 한 곳에 치우치지 않도록 할 필요가 있습니다. 아이들이 흥미를 갖고 수업에 적극적으로 참여하는 배움 역시 교사의 가르침과 협력이 될 때 온전하게 이루어질 수 있음을 기억해야 합니다.

또한 체육수업에서 아이들의 눈높이 학습을 열어주려면 신체표현의 능력차를 고려해야 합니다. 보통 행동형 아이들은 신체표현능력이 뛰어나 각종 체육활동에서 두각을 나타냅니다. 반면 행동지수가 낮은 규범형, 탐구형, 이상형 아이들 중에서도 신체표현활동을 어려워하는 아이들이 있습니다. 따라서 움직임이 많은 체육수업을 할 때에는 신체표현의 수준차를 인정하고 아이들이 소화할 수 있도록 수업을 구성해야 합니다.

05 좋은 수업을 만드는 베이스캠프, 교육과정 성취기준

성찰샘 교과서와 연관 짓되 단순 글 읽기에서 벗어난 수업을 하라는 말이 있는데, 교과서 대부분이 이미 수업 과정을 제시하고 있기 때문에 거기서 벗어나기가 쉽지 않습니다. 교과서를 뒤로 하고 교사 개인의 성찰협력수업을 진행하는 것이 옳은 건지 궁금합니다. 또 교과진도에 맞춰 수업하기도 바쁜데 언제 재구성까지 할 수 있을지 모르겠습니다.

교과서는 교육과정의 성취기준에 의해 만들어집니다. 즉 아이들이 교육과정의 성취기준에 보다 효과적으로 도달하도록 하기 위해 교과서를 만들어 제공하는 것입니다. 따라서 교사는 각 교과별 교육과정의 성취기준을 분석하여 아이들에게 어떻게 가르칠 것인지 세부적인 교수계획을 수립해야 합니다. 이때 참고자료로 교과서를 활용하면 됩니다. 교과서를 신봉할 필요는 없겠지만 교육과정을 먼저 고민한 선생님들에 의해 제작된 수업자료이므로 아이들과 소중히 활용할 필요가 있습니다. 다만 지역적인 특수성과 아이들의 학습실태가 각 교실마다 모두 다르니 교과서의 모든 흐름을 그대로 따라하면 안 됩니다. 오히려 교사 개인의 장점과 아이들의 성향을 분석하여 성찰협력수업으로 재구성하여 접근하는 것이 더 바람직하다고 할 수 있습니다.

성찰협력수업의 재구성은 교육과정의 성취기준을 근거로 합니다. 교육과정의 성취기준은 각 교과별 대단원과 소단원을 중심으로 적용됩니다. 따라서 재구성의 최소 단위를 차시가 아닌 단원으로 정하고 분석할 필요가 있습니다. 한 단원은 교과마다 차이가 있지만 최소 몇 개의 차시로 구성되어 있습니다. 수업을 재구성할 때 각 차시를 살펴보되 차시를 묶고 있는 보다 큰 단위인 단원의 목표를 분석해야 합니다. 단원의 목표에 도달하기 위해 구성된 각 차시 흐름을 읽을 줄 안다면 각 차시의 순서를 재배열하거나 통합하고 삭제하거나 보완하는 등 구체적인 재구성 방법을 결정할 수 있을 것입니다.

성찰협력수업은 교사의 일방적인 재구성보다 아이들의 목소리를 경청하여 아이들의 의견을 최대한 반영하길 권장하고 있습니다. 아이들의 목소리를 수업에 반영하는 것이 좋은 수업의 지름길이기 때문입니다. 다만 아이들의 목소리를 성찰협력수업으로 담아내려면 각 교과 내용을 성취기준에 맞춰 덜어내는 작업이 먼저 선행되어야만 합니다. 왜냐하면 교과 외 아이들의 의견을 반영하여 성찰협력수업을 하려면 그만큼의 수업시간이 더 필요하기 때문입니다. 즉 성찰협력수업의 재구성은 성취기준에 따른 집중과 선택의 기로에 서 있습니다. 각 교과별로 교과서의 모든 내용을 교과 진도에 맞춰 순서대로 진행한다면 성찰협력수업의 깊은 의미를 찾지 못할 것입니다. 성찰협력수업은 아이들의 자발적인 참여를 이끌어내고 보다 협력적인 수업을 전개하는 데 도움이 될 것입니다.

지식 위주의 수업을 흥미 위주의 수업으로 바꾸는 히든카드

협력샘 옛날과 오늘날의 달라진 생활모습을 알아보기 위해 옛날 놀이를 배워보는 수업을 진행하려고 합니다. 이렇게 수업활동 자체에 놀이 등의 흥밋거리가 많은 경우에는 즐거운 수업을 진행할 수 있을 것 같습니다. 그러나 지식 위주의 전달을 해야 하는 수업의 경우에는 어쩔 수 없이 저와 아이들 모두 경직된 상태에서 수업에 임하는 것 같습니다.

물론 수업의 소재에 따라 아이들의 흥미를 유발하는 정도가 다를 수 있습니다. 수업의 내용을 볼 때 아이들은 주로 자신들이 좋아하는 흥밋거리가 있는지 살펴봅니다. 그러나 아이들이 좋아하는 흥밋거리가 수업의 주요 소재라 할지라도 이를 어떻게 수업에 녹여 진행하느냐에 따라 수업의 성패는 크게 달라질 수 있습니다. 즉 수업의 내용과 형식의 조합을 구성할 때 아이들의 의견을 어떻게 반영하느냐에 따라 수업에 임하는 아이들의 태도가 달라진답니다. 아무리 옛날 놀이를 배워보는 수업이라도 아이들의 참여 공간이 열리지 않는다면 아이들은 피동적인 학습자가 될 수밖에 없습니다. 아이들이 수업의 주인공이 되어 능동적으로 참여하려면 옛날 놀이를 수업에 어떻게 활용할지 계획하는 단계부터 아이들의 참여가 필요합니다. 아이들 스스로 옛날 놀이 자체에 관심을 갖고 주도적으로 준비에 참여하고 말 그대로 수업시간에 어떻게 놀 수 있을지 성찰할 수 있도록 이끌어주어야 합니다.

대부분 수업 내용과 형식의 구성은 교사의 몫입니다. 그러나 좋은 수업을 이루려면 교사 외 수업의 주요 객체인 아이들의 참여가 필수적입니다. 수업의 내용이 지식 위주의 이론으로 가득 차 있더라도 수업의 형식을 아이들과 함께 창의적으로 구성한다면 아이들 모두 경직되는 일은 없을 것입니다. 오히려 지식 위주의 수업 내용은 다양한 수업형식을 구성하는 데 더 수월할 수 있습니다. 교과서 흐름 자체가 수업 형식보다 그 내용에 치중하고 있어서 교사와 아이들이 수업형식의 구성 면에서 참여할 공간이 더 많아지기 때문입니다. 성찰협력수업에서 교사의 몫이란 아이들이 수업의 주인공이 되어 자기 스스로 배움의 주제를 성찰하고 친구들과 보다 협력적인 수업을 이루도록 조력하는 것입니다.

지식 위주의 수업이 경직되는 이유는 지식 자체의 이해 또는 암기 위주의 강의식으로 전개되기 때문입니다. 즉 지식의 이해와 암기를 교사의 일방적인 가르침으로만 해결하려는 데 문제가 있다는 말입니다. 만일 가르침의 궁극적인 목적을 아이들의 배움에 둔다면 많은 양의 지식을 이해시키기 위해 교사 홀로 고군분투하지는 않을 것입니다. 결국 지식의 습득은 배움의 주체인 아이들 스스로 참여할 때에만 효과를 얻을 수 있기 때문입니다. 따라서 가르침의 속도를 아이들의 배움과정에 맞출 필요가 있습니다. 그러기 위해서는 일방적인 강의식 수업보다 아이들과 상호소통을 통한 주제가 있는 성찰협력수업을 전개하는 것이 바람직할 것입니다.

에필로그

당신이 바로 'The' 위대한 교사입니다!

위대한 성찰협력수업은 누구나 실천할 수 있습니다

교사라면 누구나 교단에 서는 순간 수업이라는 이름으로 아이들과 긴밀하게 만나게 됩니다. 그리고 수업의 준비도와 상관없이 아이들의 초롱초롱한 눈망울을 마주하게 되지요. 물론 그 눈망울이 한없이 교사를 기다려주는 것은 아닙니다. 어쩌면 시간이 지날수록 처음 교사에게 주었던 그 초롱초롱함이 사라질지도 모릅니다. 하지만 위대한 성찰협력수업은 그런 아이들의 시선을 수업에 고정시키고 심지어 수업주제에 몰입할 수 있도록 이끌어줍니다. 성찰협력수업이 이렇게 아이들의 시선을 사로잡는 이유는 그 수업의 계획부터 반영까지에 모두 아이들 스스로 참여하기 때문입니다.

사실 아이들이 수업의 주인공이 되는 이런 위대한 성찰협력수업은 교사라면 누구나 실천 가능합니다. 그 실천방법이 매우 간단하기 때문입니다. 그저 수업에서 교사가 가지고 있는 절대 기득권을 잠시 내려놓고 아이들이 참여할 공간을 비워주기만 하면 됩니다. 적어도 수업에서 자기 자리를 조금이라도 찾으려는 아이들은 열정을 다해 성찰협력수업에 참여하게 될 것입니다. 지금까지 동료 선생님들과 성찰협력수업을 진행할 때마다 다행히 그런 열정적인 아이들을 쉽게 만날 수 있었습니다. 대부분의 아이들은 성찰협력수업을 만났을 때 피동적인 학습자에서 능동적인 참여자로 바뀝니다. 성찰협력수업의 주인공이 되어 달라는 교사의 간단한 초대에 아이들은 열과 성의를 다해 수업을 준비하고 주도적으로 참여할 것입니다.

성찰협력수업이 자기 생명력을 갖는 이유가 있습니다

어느 날 아이들과 국어교과 성찰협력수업을 할 때였습니다. 단원의 성취기준은 대상의 특성에 따라 적절히 설명하는 방법을 알고 설명하는 글쓰기를 하는 것입니다. 교과서에는 태극기와 민요에 대한 읽기 자료가 제시되었지만 아이들에게 학습할 내용을 창의적으로 선택해보라고 했습니다. 그러자 아이들은 자신이 좋아하는 취미나 운동 또는 연예인 등을 모둠별로 선별하기 시작했습니다. 아이들에게 교과서에서 제시된 자료 외에 자신이 좋아하는 다른 자료를 찾는 건 정말 신나고 즐거운 일이었나 봅니다. 아이들에게 교과내용을 따로 가르쳐주지 않아도 자기들 스스로 대상의 특성에 따라 적절히 설명하는 방법을 알아보고 교과서 예시자료에 맞춰 자기 모둠의 발표를 준비하였습니다. 더 놀라운 건 글쓰기를 정말 싫어하던 아이도 자신이 좋아하는 연예인을 친구들에게 소개하기 위해 자기 공책에 글을 정리하는 모습을 보였다는 것입니다.

교사가 성찰협력의 의도성을 가지고 수업에서 한 발 물러나자 오히려 아이들이 수업의 빈자리를 가득 채우는 모양새입니다. 성찰협력수업이 이렇게 자기 생명력을 갖는 이유가 있습니다. 교사의 일방적인 주입식 교육이 아니라 수업을 디자인하는 과정부터 교사와 아이들이 긴밀하게 소통하기 때문입니다. 또한 성찰협력수업에 아이들이 참여하면서 그 수준이 아이들의 눈높이에 맞춰지고 아이들이 마음껏 기량을 발휘할 무대가 만들어지기 때문입니다. 위대한 성찰협력수업은 선생님의 작지만 의미 있는 가르침에 아이들 스스로 배움의 주도성을 갖고 성찰과 협력을 이루게 합니다. 《수업 도시락, 성찰과 협력을 담다》는 그런 선생님의 작은 발걸음을 수업 도시락에 담아 함께 나누며 협력하자는 의미입니다. 통시대적 수업성찰을 하는 교사들뿐만 아니라 동시대를 살아가며 배움을 실천해야 하는 우리 아이들 모두에게 전하는 협력의 메시지입니다. 위대한 성찰협력수업은 시대를 관통하는 한 교사의 수업성찰과 교실에서 배움으로 공존해야 하는 아이들의 협력수업으로 이루어집니다. 이러한 수업을 성찰하고 협력하는 당신이 바로 'The' 위대한 교사입니다.

교사 스스로 수업성장을 하도록 수업의 비계를 설치해야 합니다

생각을 여는 수업성찰과 지혜를 나누는 협력수업은 이 땅의 수많은 선생님들의 수업상처에서 시작되었습니다. 보통 한 분야에서 10년 정도를 활동하면 1만 시간의 법칙처럼 특정분야의 전문가가 될 수 있습니다. 그런데 유독 수업만큼은 이 법칙이 잘 통하지 않을 때가 있습니다. 이는 교육경력이 늘어남에도 불구하고 대부분의 경력교사들이 수업공개를 두려워하는 모습을 보면 쉽게 알 수 있습니다. 어떤 이는 그 원인을 선생님들의 수업방법이나 수업테크닉의 결여 또는 수업모형의 부재 때문이라고 이야기합니다. 하지만 결코 그렇지 않습니다. 선생님들은 교사로 임용되어 교단에 서는 순간부터 좋은 수업을 만들기 위해 자신과 치열한 싸움을 합니다. 또한 시시때때로 개정되는 교육과정 때문에 끊임없이 교재연구를 할 수밖에 없습니다. 그뿐 아니라 선행학습을 잘 해 오는 아이들 덕분에 수업시간 내내 긴장의 끈을 놓을 수가 없습니다. 여기에 교사의 높은 수업전문성을 요구하는 학부모들의 열망까지 우리 선생님들은 그야말로 턱밑까지 숨이 차 오른 상태입니다. 교육현장이 이런 상황이니 선생님들이 안고 있는 수업상처는 어쩌면 당연한 것일지도 모릅니다.

더 큰 문제는 이런 수업상처를 그대로 방치해두는 선생님들이 많다는 것입니다. 몸에 상처가 생겼을 때 적절한 치료가 필요하듯 수업상처 역시 그대로 방치해서는 안 됩니다. 그대로 방치해두면 그 수업상처에 타성(mannerism)이라는 세균이 번식해 결국 더 큰 위협이 되고 말 것입니다. 수업상처의 가장 근본적인 치료 방법은 교사 스스로 수업성장을 할 수 있도록 수업의 비계(scaffolding)를 설치하는 것입니다. 교사의 수업성장 세포를 일깨워 스스로 이겨낼 수 있는 힘을 길러주는 것만큼 확실한 치료방법은 없기 때문입니다. 수업의 비계는 생각을 여는 수업성찰과 지혜를 나누는 협력수업으로 설치할 수 있습니다. 먼저 수업의 내적인 비계는 교사의 가르침과 학생의 배움 간에 어긋난 지점을 찾아 교사의 두려움을 막아주는 역할을 합니다. 즉 교사의 내면을 강화해 수업의 본질을 제대로 성찰할 수 있도록 도와줄 것입니다. 또 수업의 외적인 비계는 교사의 일방적인 가르침이 아니라 동료교사 또는 아이들과 함께 협력수업을 만들어가는 버팀목이 되어줄 것입니다.

《수업 도시락, 성찰과 협력을 담다》는 가르침과 배움의 상관관계를 늘 고민하는 선생님들을 위해 기록한 책입니다. 지금까지 성찰협력수업에 대해 함께 고민하고 수업을 진지하게 성찰하며 보다 협력적인 수업을 위해 끊임없이 도전하는 위대한 교사들을 만난 건 저에게 큰 축복이었습니다. 그런 교사연구자들이 있었기에 성찰협력형 수업연구의 모델을 완성할 수 있었고 위대한 성찰협력수업을 실행할 수 있었습니다. 또한 수년간 위대한 성찰협력수업에 대한 고민을 들어주고 그 실행연구에 성실히 참여해준 겸손한 선생님들이 계셨기에 가능한 일이었습니다. 마지막으로 위대한 성찰협력수업이라는 가나안 땅을 허락하신 하나님께 영광을 돌립니다. 또한 수업성찰과 협력수업으로 기적의 수업 도시락을 만들어주신 모든 선생님들께 감사를 드립니다. 그리고 그 누구보다 늘 내 곁에서 성찰과 협력에 대한 나의 넋두리를 매일매일 진지하게 받아주고 따뜻하게 격려해준 사랑하는 아내와 두 딸에게 고마움을 전합니다.

정민수

'함께하는 교육, 100년의 약속'을 위한
희망 교육 프로젝트